Helena Bolewski,
Stephanie Glos,
Christian Olivier Dox:
**Qualitätsmanagement in
Kindertageseinrichtungen**

Helena Bolewski, Stephanie Glos,
und Christian Olivier Dox

Qualitätsmanagement in Kindertageseinrichtungen

Bibliografische Information der Deutschen Nationalbibliothek
Die Deutsche Nationalbibliothek verzeichnet diese Publikation in der Deutschen Nationalbibliografie; detaillierte bibliografische Daten sind im Internet über http://dnb.d-nb.de abrufbar.

Bibliographic information published by the Deutsche Nationalbibliothek
The Deutsche Nationalbibliothek lists this publication in the Deutsche Nationalbibliografie; detailed bibliographic data are available in the Internet at http://dnb.d-nb.de.

Information bibliographique de la Deutsche Nationalbibliothek
La Deutsche Nationalbibliothek a répertorié cette publication dans la Deutsche Nationalbibliografie; les données bibliographiques détaillées peuvent être consultées sur Internet à l'adresse http://dnb.d-nb.de.

Informazione bibliografica de la Deutsche Nationalbibliothek
La Deutsche Nationalbibliothek registra questa pubblicazione nella Deutsche Nationalbibliografie; dettagliate dati bibliografici sono disponibili nell' internet per http://dnb.d-nb.de.

Библиографическая информация Немецкой Национальной Библиотеки
Немецкая Национальная Библиотека вносит эту публикацию в Немецкую национальную библиографию; подробные библиографические данные можно найти в интернете на странице: http://dnb.d-nb.de.

Información bibliográfica de la Deutsche Nationalbibliothek
La Deutsche Nationalbibliothek recoge esta publicación en la Deutsche Nationalbibliografie; se puede encontrar los datos bibliográficos en el internet por http://dnb.d-nb.de.

Helena Bolewski, Stephanie Glos, Christian Olivier Dox:
Qualitätsmanagement in Kindertageseinrichtungen. –
Berlin: RabenStück Verlag, 2019
ISBN 978-3-935607-54-4

ISBN 978-3-935607-54-4

© 2012 | 2019 RabenStück Verlag®
Dr. Uwe Großer | Postfach 52 01 15 | 12591 Berlin
Fon: +49 30 56400807 | Fax: +49 3212 RabenSt (7223678)
EMail: Verlag@RabenStueck.de | Web: www.RabenStueck.de

Alle Rechte vorbehalten.

Produktion: RabenStück Verlag. Titel unter Verwendung eines Motivs von © stockbroker | clipdealer.com; Autor/inn/enfotos: © Meike Rudolph

Druck: WIRmachenDRUCK GmbH Backnang

Inhalt

1 Was dürfen Sie erwarten? 7

2 Einführung in ‚das' Qualitätsmanagement 9

2.1 Grundlagen von Qualitätsmanagement 9

2.2 Wesentliche Elemente der DIN EN ISO 9001,
die für Kitas relevant sind 17

2.3 Weiterführende Anforderungen nach DIN EN ISO 9001 ... 33

2.4 Was wirklich wichtig ist? –
Ein Vorschlag zur Prioritätensetzung 41

2.5 Qualitätsmanagement und Ihre Rolle 45

2.6 Mein Qualitätsmanagementsystem ist
fertig und was dann? 46

2.7 Auf zur Zertifizierung? 46

2.8 Zeit- und Projektmanagement 47

2.9 Exkurse 50

3 Praxisrelevante Darstellung von gängigen
Kernprozessen in Kitas im Rahmen von QM 54

3.1 Voraussetzungen zur Einführung eines QMS 55

3.2 Mögliche praxisrelevante Kernprozesse 56

3.3 Ziele 56

3.4 Herausforderungen in der praktischen Umsetzung 57

3.5 Betrachtung der exemplarischen drei Kernprozesse 61

4	Elternbefragungen als QM-Methode	92
4.1	Planung der Befragung – Konzeptionsphase	93
4.2	Durchführung der Befragung	114
4.3	Auswertung der Befragung	116
4.4	Ableitungen für die Zukunft	154
5	Zusammenfassung und Ausblick	158
	Literatur- und Medienverzeichnis	161
	Anhang	164
	Das Autorenteam	173

1 Was dürfen Sie erwarten?

Die Publikation richtet sich an Kita-Leitungen, Träger der Einrichtungen, Qualitätsmanagementbeauftragte (QMB) und Kita-Personal, die sich mit der Einrichtung oder Verbesserung ihres Qualitätsmanagements (QM) auseinander setzen wollen oder gar müssen. Wir, das Autorenteam, blicken dabei aus verschiedenen Blickwinkeln auf das Thema QM. Das Buch stellt somit die Sicht einer Diplom-Arbeitswissenschaftlerin, einer Kita-Leitung und studierten Sozialmanagerin sowie eines Jugendhilfeplaners und Web- und Medieninformatikers (B. Sc.) dar.

Es führt im zweiten Kapitel in die wichtigsten Grundlagen des Qualitätsmanagements wie wesentliche Grundlagen der DIN EN ISO 9001[1] ein. Begriffe wie Kunde, Qualitätspolitik und Ziele, die sechs Pflichtprozesse der DIN EN ISO 9001 und die Rolle der Beteiligten an einem Qualitätsmanagementsystem (QMS) werden genauer beschrieben.

Das dritte Kapitel stellt die Herausforderungen und Lösungswege zur praktischen Umsetzung eines QMS in einer Einrichtung vor. Das wird unterstützt durch die Darstellung und Entwicklung der drei Kernprozesse ‚Geplantes Elterngespräch', ‚Pädagogisches Planen und Handeln für ein einzelnes Kind' und ‚Planung und Durchführung einer Dienstbesprechung'.

Das vierte Kapitel thematisiert die gesamten Arbeitsschritte, die für die Durchführung einer Elternbefragung notwendig sind. Es beginnt mit der Planung, geht über die Durchführung und Auswertung der Befragung und gibt Hinweise für Interpretation und Präsentation der Ergebnisse.

---

[1] Die aktuelle Fassung der DIN EN ISO 9001:2008-12 vom Deutschen Institut für Normung e. V. ist bei der Beuth Verlag GmbH Berlin veröffentlicht und kostet aktuell in der Druckversion € 119,70.

Das letzte Kapitel bietet eine Zusammenfassung der Kernthesen und einen Ausblick zum Thema Qualitätsmanagement in KITAS.
Das Buch wird durch die Internetseite www.qm-in-Kitas.de unterstützt. Dort finden Sie weitere Informationen, Aktualisierungen, Formularblätter, Checklisten und Videotutorials. So können Sie die Inhalte zusätzlich interaktiv wahrnehmen.
Mit dem Wort KITA meinen wir immer den Begriff Kindertagesstätte. Aufgrund der Tatsache, dass in diesem Arbeitsfeld meist weibliche Fachkräfte beschäftigt sind, nutzen wir der besseren Lesbarkeit wegen den Begriff Mitarbeiterinnen[2].
Wir wünschen Ihnen, dass unser Buch Sie bei Ihren bevorstehenden Aufgaben in Ihren Einrichtungen unterstützt, seien es die Durchführung oder die Verbesserung Ihrer Qualitätsmanagementsysteme. Dazu stellen wir viele Praxistipps aus unseren verschiedenen Professionen dar. Ihre Fragen oder Anregungen nehmen wir gerne auf www.qm-in-kitas.de entgegen.

---

[2] Gender-Hinweis: Im Sinne einer besseren Lesbarkeit der Texte wurde neben den bereits erwähnten ‚Mitarbeiterinnen' ansonsten in der Regel die männliche Form von personenbezogenen Substantiven gewählt. Dies impliziert keinesfalls eine Benachteiligung des jeweils anderen Geschlechts. Autor/inn/en und Verlag wünschen ausdrücklich, dass sich Frauen und Männer von den Inhalten dieser Publikation gleichermaßen angesprochen fühlen.

2 Einführung in ‚das' Qualitätsmanagement

2.1 Grundlagen von Qualitätsmanagement

Qualitätsmanagement (QM) ist ein derart facettenreiches Thema, dass selbst die Darstellung der Grundlagen einige Seiten und eine geraume Zeit zum Anlesen erforderlich macht. Es gibt nicht ‚das' Qualitätsmanagement, sondern ein breites Spektrum an Möglichkeiten, ein eigenes QM aufzubauen und zu etablieren. Sollten Sie erwarten, dass wir Ihnen hier Grundlagen zum QM von der Historie[1] bis hin zu verschiedenen Modellen oder Theorien vorstellen, werden Ihre Erwartungen nicht erfüllt.

Und das hat zwei Gründe: Erstens würde eine derartige Vorgehensweise den Rahmen dieses Buches sprengen und zweitens würde Ihr Zeitkontingent ohne praktischen Nutzen unnötig belastet.

Sollten Sie sich wünschen, schnell und praxisorientiert in die für Kitas relevanten Aspekte von QM eingeführt zu werden, dann lesen Sie bitte weiter. Neben ausgewählten theoretischen Informationen mit Fokus auf die DIN EN ISO 9001 in ihrer aktuellsten Fassung bekommen Sie zahlreiche Praxisbeispiele geboten.

2.1.1 Was ist Qualität(smanagement)?

Eine Begriffsdefinition zum Einstieg in die QM-Grundlagen ergibt sicher Sinn. Häufig sind Definitionen jedoch schwerfällig zu lesen oder hinterlassen beim Leser eher Fragezeichen, wie

---

[1] Informationen über geschichtliche Hintergründe und Entwicklungen zum Thema finden Sie z. B. in Pfeifer, Schmitt 2007, S. 15-33.

im Fall der Definitionen in der DIN EN ISO 9000[2]. Diese Norm definiert Grundlagen und Begriffe von Qualitätsmanagementsystemen[3]. Betrachten Sie die nächsten Abschnitte bitte als einen Versuch, Qualität(smanagement) mit möglichst einfachen Worten so zu erklären, wie es im allgemeinen Sprachgebrauch angewendet wird.

Unter dem Begriff Qualität fassen wir alle Eigenschaften eines Gegenstands, eines Produkts, einer Dienstleistung, eines Systems oder eines Prozesses bzw. deren Güte zusammen.

Grundsätzlich ist Qualität abhängig von unseren Anforderungen und Erwartungen. Je nach Erfüllungsgrad unserer Erwartungen sprechen wir von einer hohen oder niedrigen Qualität, die zu Kundenzufriedenheit oder -unzufriedenheit führt. Qualität wird also durch die Anforderungen derer festgelegt, die bewerten.

Hinter dem Begriff Management verbirgt sich der Gedanke der Leitung oder Leitungsfunktion. Die Leitungsfunktion kann durch eine Person oder eine gesamte Organisation übernommen werden. Zu Leitungsaufgaben gehören Planung, Führung und Kontrolle.

Führen wir beide Begriffe zusammen, wird im besten Fall eines deutlich: Die Anforderungen der Kunden werden ermittelt, und die Prozesse, die zur Erfüllung der Anforderungen erforderlich sind, werden geplant, durchgeführt, bewertet und ggf. verbessert. Und das Ganze mittels Leitung. Planen – durchführen – bewerten und verbessern – das entspricht dem PDCA[4]-Zyklus, der in Kapitel 2.9.1 noch genauer besprochen wird.

---

[2] Die aktuelle Fassung der DIN EN ISO 9000:2005-12 vom DEUTSCHEN INSTITUT FÜR NORMUNG e. V. ist bei der BEUTH VERLAG GmbH Berlin veröffentlicht und kostet aktuell in der Druckversion € 151,30.
[3] Vgl. Kapitel 3 der DIN EN ISO 9001: Begriffe.
[4] Plan-Do-Check-Act-Zyklus.

Wer stellt nun aber Anforderungen gegenüber KITAS, d. h.: ‚Wer ist hier der Kunde'? Der Frage wird im nächsten Kapitel nachgegangen.

2.1.2 Kunde – Kinder – Könige

Für die KITA lässt sich die Frage ‚Wer ist Kunde?' nicht mit einem Wort beantworten. Denn in der KITA stoßen unterschiedliche Interessensgruppen von Kunden aufeinander. Die Mitarbeiterinnen der KITAS müssen entscheiden, welcher Kunde die größte Relevanz mit sich bringt und wessen Anforderungen die höchste Stellung eingeräumt wird. Dabei konkurrieren die Anforderungen der Kinder, der Eltern bzw. Erziehungsberechtigten, der Gesellschaft, der Politik (inkl. Gesetzgebung) und des Trägers miteinander um den Platz des ‚Königs'. Die Mitarbeiterinnen der KITA müssen entscheiden, welche Anforderungen umzusetzen sind und welche diesen entgegenstehen und unbefriedigt bleiben müssen. Die Anforderungen der Kunden sind sehr wichtig, denn ihr Erfüllungsgrad bestimmt – wie oben bereits festgestellt – die Bewertung der Qualität. Bei allen konkurrierenden Anforderungen müssen das Wohl der Kinder und gesetzliche Vorgaben an oberster Stelle stehen.

BEISPIEL

Eltern wünschen sich individuelle Betreuungszeiten und möchten die gebuchten Stunden für ihr Kind selbst festlegen. Der Gesetzgeber lässt aber nur eine Buchung von 25, 35 oder 45 Stunden zu. Ggf. buchen Eltern über ihren Bedarf hinaus, um ihren Mindestbedarf decken zu können.

2.1.3 Wie wichtig ist Qualität in KITAS?

Derzeit könnten sich alle Träger bzw. Leitungen von KITAS entspannt zurücklehnen, da bekanntlich der Bedarf an KITA-Plätzen deutlich höher ist, als Plätze für Kinder vorhanden sind. Als Eltern durften die Autoren selbst die Erfahrung machen, wie unmöglich es für sie ist, ein Kind unter drei Jahren in einer der begehrten Einrichtungen unterzubringen. Und das trotz der Berufstätigkeit beider Elternteile. So schleicht sich der Gedanke ein, dass zumindest berufstätige Elternteile einfach nur froh sind, wenn sie für ihr Kind überhaupt einen Platz bekommen. Doch das ist sicherlich zu kurz gegriffen. Zum einen wünschen sich die meisten Eltern doch das Beste für ihre Kinder und zum anderen werden auch Rolle und Aufgabe von KITAS und frühkindlicher Förderung generell gesellschaftlich intensiv diskutiert. Negative Vorkommnisse finden heute schneller ihren Weg in die Medien und damit eine weite Verbreitung. Vor negativen Schlagzeilen kann ein gut gelebtes Qualitätsmanagementsystem sicherlich ein Stück weit schützen. Als Mitarbeiterin schaffen Sie sich mehr Rechtssicherheit, indem rechtliche Vorgaben in das QMS eingebunden werden und regelmäßig Aktualisierungen erfolgen. Eine gute Dokumentation z. B. der Elterngespräche kann nützlich sein, wenn Eltern den Vorschlägen der Erzieherinnen nicht folgen und diese oder das Jugendamt sich später über die KITA beklagen.

Und dann sind da noch die Kinder: Sie haben eine optimale Betreuung verdient, sind sie unseren Fähigkeiten und Unzulänglichkeiten doch täglich ausgesetzt. Das allein lässt die eingangs gestellte Frage nach der Wichtigkeit von QM ganz einfach mit ‚sehr wichtig' beantworten. Doch warum kann man so viel Widerstand bei der Einführung von QM beobachten? Was ist im Einzelnen positiv an QM? Antworten auf diese Fragen liefern die nächsten beiden Abschnitte.

2.1.4 Schreib' ich noch oder arbeite ich schon?

Ein Argument gegen die Einführung von QM ist immer wieder der hohe Zeitaufwand und die intensive Zusatzbelastung der beteiligten Personen. Dieses Argument ist berechtigt, denn die Einführung von QM macht wirklich viel Arbeit und erfordert die Mitarbeit oder zumindest das Mitdenken und die Akzeptanz aller betroffenen Mitarbeiterinnen. Diese sind allerdings häufig geleitet von ihrer Angst vor zu hoher Mehrarbeit, vor ständiger Kontrolle durch QM, vor der Einschränkung der eigenen Handlungsfreiheit, vor Veränderungen etc. Besonders vehement ist mir beispielsweise als Beraterin immer die Angst vor zu viel Dokumentation entgegengekommen. Gleichzeitig schwingt die Sorge mit, selbst in Frage gestellt zu werden, denn ‚schließlich haben wird das immer so gemacht'. Die Aufführung lässt sich spielend leicht erweitern, fragen Sie nur im Kolleginnenkreis einmal nach.

Warum sollten wir uns also die Mühe machen, QM entgegen aller Widerstände einzuführen? Weil sich mit der Einführung von QM die Gelegenheit zu einem großen ‚Frühjahrsputz' in der KITA und im Team anbietet. D.h., es werden Verbesserungen von Arbeitsabläufen und Prozessen durch klare Vorgaben und die Regelung von Verantwortlichkeiten erarbeitet. Sie sorgen für einen klaren Informationsfluss. Den Rahmen und Umfang ihrer Dokumentation geben Sie selbst vor. Mit QM wird die Arbeit transparenter und nachvollziehbarer gemacht. Es werden Lernprozesse ausgelöst durch die Reflektion der eigenen Arbeit, durch interne Audits (vgl. auch Kapitel 2.2.5.4) und ein neues Fehlermanagement (vgl. auch Kapitel 2.2.5.5). Die Fehlervermeidung findet zukünftig ihren Platz im Bewusstsein vor der Fehlerkorrektur. Die Verteilung von Ressourcen kann optimiert werden. Dazu gehören Ressourcen materieller und personeller Art sowie der Infrastruktur. Neue Mitarbeiterinnen können leichter und schneller eingearbeitet werden. Auf Dauer betrachtet lässt sich durch die Optimierung der Ressourcen auch die Flexibilität einer Einrichtung und ihr Service steigern. Damit ist nicht gemeint, dass die Kinder zukünftig ihre Butterbrote geschmiert bekommen sollen, obwohl sie selbst schon dazu in der Lage sind, sondern dass z. B. mehr Zeit für Elterngespräche da ist oder auch der Kleinste der U3-Gruppe ein wenig mehr von seinem Schmusebedarf erfüllt bekommen kann. Und mit mehr Zeit, weniger Druck, klaren Verantwortlichkeiten, höherer Eigenverantwortung und Motivation lässt sich zwangsläufig auch die Mitarbeiterinnenzufriedenheit steigern.

Erhalten die hier gemalten Bilder nach und nach mehr Farbe, werden Sie feststellen, es färbt auch positiv auf die Kundenzufriedenheit ab: bei Kindern, Eltern, Trägern etc.

> TIPP
> Berücksichtigen Sie in Ihrem QMS gesetzliche Grundlagen und nennen Sie diese auch. Aber verzichten Sie, wo möglich, auf die Aktualitätsangabe. So müssen Sie nicht bei jeder Neuerung Ihre Dokumente ändern.

2.1.5 Strukturelle Grundlagen

Für Qualitätsmanagementsysteme gibt es verschiedene Modelle. Wir haben uns in unserem Buch für die Darstellung eines QMS unter Berücksichtigung der DIN EN ISO 9001 entschieden, da diese eine weite Verbreitung und Anerkennung findet und auch für Zertifizierungen (vgl. Kapitel 2.7) herangezogen werden kann. Die Norm ist ursprünglich für das produzierende Gewerbe erarbeitet worden. Mittlerweile wird sie genauso im Dienstleistungssektor eingesetzt. Auch in Behörden ist ihre Anwendung keine Seltenheit mehr.

> **TIPP**
> Orientieren Sie sich beim Aufbau Ihres QMS an Ihren Kita-spezifischen Prozessen und lösen Sie sich von der Struktur der Norm oder von Mustern, die Sie bei anderen KITAS gesehen haben. Vermeiden Sie Widerstände, in dem Sie schon bei der Gestaltung der Struktur die betroffenen Mitarbeiterinnen einbinden. Getreu dem Motto: Ihre KITA – Ihr Team – Ihr QM-System!

Die DIN EN ISO 9001 beinhaltet acht Abschnitte bzw. Kapitel plus Einleitung und Anhang. Die wesentlichen Anforderungen werden erst ab Kapitel 4 aufgeführt. Vorweg sind der Anwendungsbereich, Verweise auf andere Normen sowie Begriffe und Definitionen dargestellt.

Viele QMS sind heute noch anhand der Struktur der Norm (ab Kapitel 4) aufgebaut, wobei dies auf Kosten der Übersichtlichkeit gehen kann. Denn seitens der Norm wird Prozessorientierung gefordert und Qualitätsmanagementsysteme werden i. d. R. für Prozesse aufgebaut und vor allem für die Menschen, die in und mit ihnen arbeiten.

> **BEISPIEL**
> Eine Struktur könnte wie folgt aussehen:
> - Führungsprozesse
>   - Allgemeiner Führungsprozess
>   - Qualitätsmanagementsystem
>   - Mitarbeiterprozess
>   - Kontinuierlicher Verbesserungsprozess
> - Kernprozesse
>   - Pädagogisches Handeln
>   - Elterngespräch
>   - Dienstbesprechung
>   - etc.
> - Unterstützungsprozesse

Generell gilt für die Entwicklung eines QMS: Die DIN EN ISO 9001 lässt ausreichend Gestaltungsspielraum, um einen für Ihre Kita angemessenen Rahmen zu finden. Um die allgemeinen strukturellen Anforderungen zu erfüllen, müssen Sie folgende Punkte beachten:
- Nehmen Sie alle notwendigen Prozesse inklusive Abfolgen, Wechselwirkungen und Verantwortlichkeiten mit in Ihr QMS auf. Sie selbst legen fest, welche Prozesse erforderlich sind.
- Berücksichtigen Sie alle in der Norm geforderten Verfahren (vgl. folgendes Kapitel).
- Überwachen und messen Sie Ihre Prozesse – zumindest da, wo es möglich ist (Hinweise zur Messbarkeit von Zielen vgl. Kapitel 2.2.4).
- Sorgen Sie dafür, dass Sie Ihre Ziele erreichen und stets die Gelegenheiten nutzen, sich zu verbessern.
- Stellen Sie als Leitung ausreichend Ressourcen und Informationen für die Einführung und das Weiterleben Ihres QMS zur Verfügung.

Der Forderung nach Sicherstellung der Verfügbarkeit von Ressourcen und Informationen kann immer nur in einem eingeschränkten Rahmen stattgegeben werden. In der Regel unterliegen die Kitas hier den Vorgaben der Träger. Und auch die Träger stehen meist in einem Abhängigkeitsverhältnis und können nur begrenzt Ressourcen zur Verfügung stellen. Die Erfahrung hat aber gezeigt, dass die notwendigen Ressourcen zur Entwicklung, Einführung und Aufrechterhaltung eines QMS gewährt werden können. Das größte Problem stellt die mangelnde Zeit dar (vgl. Kapitel 2.8). Der Umfang Ihres QMS sollte abhängig sein von der Größe Ihrer Kita, der Komplexität Ihrer Prozesse und der Kompetenz Ihres Teams.

2.2 Wesentliche Elemente der DIN EN ISO 9001, die für Kitas relevant sind

Die DIN EN ISO 9001 stellt keine leichte Lektüre dar. Ihre Formulierungen sind sehr allgemein gehalten, damit sie für die verschiedensten Arten und Größen von Organisationen anwendbar ist. Das ist auf der einen Seite zwar praktisch, auf der anderen Seite liegt hier gerade die Schwierigkeit für Sie als Anwenderin. Denn so stellt sich häufig die Frage, was genau seitens der Norm gefordert wird, wie dies sinnvoll umzusetzen ist und ob alles so umfassend sein muss. Antworten auf diese Frage liefern die nächsten Abschnitte.

2.2.1 Der erste Baustein: Das Qualitätsmanagementhandbuch

Wichtiger Bestandteil eines Qualitätsmanagementsystems ist das Qualitätsmanagementhandbuch (QMH). Häufig wird unter dem Begriff QMH die gesamte Dokumentation des QMS verstanden. Als sehr hilfreich hat sich allerdings erwiesen, ein QMS aus zwei Bausteinen zusammenzusetzen. Dazu gehören:
1. ein übergeordnetes QMH, das das QMS und seine ergänzenden QM-Dokumente beschreibt, sowie
2. alle ergänzenden dazugehörigen QM-Dokumente.

Auf diese Weise ist es möglich, die einzelnen ergänzenden QM-Dokumente jederzeit zu optimieren, ohne direkt Auswirkungen auf das QMH auszulösen. Denn jedes QM-Dokument sollte einem Erstellungs-, Prüfungs- und Freigabeprozess unterliegen (vgl. Kapitel 2.2.5.1), der auf diese Weise losgelöst vom übergeordneten QMH erfolgen kann.

Das QMH sollte allgemeine Informationen zur Kita, ihrem Konzept und zum QM-Projekt beinhalten sowie erste Hinweise zur Qualitätspolitik, den (strategischen) Zielen sowie qualitätsrelevanten Prozessen und deren Abläufe und Ihrem kontinuierlichen Verbesserungsprozess. Es lenkt die Leserin oder die Anwenderin durch das gesamte QMS der KITA. Das QMH unterliegt einem permanenten Wandel und damit auch selbst dem kontinuierlichen Verbesserungsprozess. D. h., einfach gesagt: Als Verantwortliche für das QMH – i. d. R. die KITA-Leitung und die QMB – sorgen Sie dafür, dass Ihr QMH immer wieder optimiert wird (der Begriff KVP wird im Kapitel 2.3.9 noch genauer erläutert).

Innerhalb des QMH muss klar definiert sein, wie weit der Geltungsbereich des QMH greift. I. d. R. dürfte dies recht einfach sein und sich auf das gesamte KITA-Team erstrecken. Es ist zulässig, dass Anforderungen der Norm im QMS ausgeschlossen werden. In diesem Fall muss allerdings eine Begründung für den Ausschluss erfolgen.

Die Beschreibung von Wechselwirkungen und Abfolgen von Prozessen ist eine weitere Anforderung. Dies kann bildlich oder textlich erfolgen. Bildlich lässt sich dies z. B. mittels Prozesslandkarten gestalten. Zu diesem Thema erfahren Sie mehr im Kapitel 2.3.1.

TIPP

Sorgen Sie dafür, dass sich das gesamte Team im QMS zurechtfindet. Erarbeiten Sie gemeinsam im Team eine Struktur für Ihr QMS. Eine Pinnwand und ein paar bunte Kärtchen helfen Ihnen! Die erarbeitete Struktur kann auch in einer Prozesslandkarte abgebildet werden. Und legen Sie bitte sowohl in der EDV als auch in Papierform Ordner an, die ebenfalls diese Struktur aufweisen. So finden Sie Ihre Dokumente wie Ihre KITA-Kinder die Kekse (ein Beispiel für die Strukturierung Ihres QMS haben Sie bereits im Kapitel 2.1.5).

Einführung in Qualitätsmanagement

2.2.2 Der zweite Baustein: Ergänzende QM-Dokumente

Es ergibt Sinn, die notwendigen Inhalte eines QMS in speziellen Dokumentenarten zu strukturieren:

Dokumentenarten	Mögliche ABK	Erklärung
Prozessbeschreibung auch: Prozessanweisung oder Verfahrensanweisung (auch Kernprozessbeschreibung)	PB PA VA	Eine PB definiert klar abgegrenzte Arbeitsabläufe der KITA. Sie ist das der Arbeitsanweisung übergeordnete QM-Dokument. Fließdiagramme erleichtern die Darstellung und Erfassung der Prozesse. Die PB sollte für jeden Arbeitsschritt eine verantwortliche Person benennen.
Organigramm	OG	Ein Organigramm ist die formale Darstellungsweise einer Struktur. In einem Organigramm werden Über- und Unterordnungen sowie Beziehungen dargestellt. Für die KITA ist es eine gute Möglichkeit, Verantwortlichkeiten und Strukturen abzubilden.
Übersichtstabelle auch:	ÜT	In einer ÜT sind wesentliche Informationen zu einem festgelegten Themenkomplex knapp und übersichtlich zusammengetragen. Sie dient entweder der Ergänzung von PBs oder kann für sich alleine stehen.
Tabelle	TB	**Tipp** Eine Tabelle kann auch die Funktion einer PB übernehmen. In diesem Fall werden Prozesse, inkl. Arbeitsschritte, verantwortliche Personen und dazugehörige QM-Dokumente und Aufzeichnungen dargestellt. Die TB ersetzt in diesem Fall das Fließdiagramm.
Arbeitsanweisung	AA	Eine AA umfasst die verbindliche Vorgabe eines Arbeitsablaufs zu einem begrenzten Aufgabenkomplex. Sie wird dort eingesetzt, wo es für bestimmte Einzeltätigkeiten notwendig erscheint, eine detaillierte Anweisung zu geben, um eine standardisierte Vorgehensweise für die KITA sicherzustellen. Dabei leiten die Fragen, wer macht was, wo, mit welchen Hilfsmitteln, wie oft, in welcher Art und Weise usw. Die AA kann ergänzend zur PB eingesetzt werden oder selbständig gültig sein. Sie ist an einen bestimmten Prozess bzw. eine Leistung oder einen Arbeitsplatz gebunden.
Formular auch: Formblatt	FM FB	Formulare sind strukturierte Dokumente, in denen freie Felder zum Eintragen vorhanden sind. Sie dienen zur Erfassung, Ansicht und Aufbereitung von Daten. Mit einem Formular wird der Nutzerin eine klare und standardisierte Dokumentationsvorgabe gemacht. Nach Abschluss der Dokumentation dient das FM als Aufzeichnung für eine bestimmte Aufgabe. FM werden auch genutzt, um Briefvorlagen in das QMS einzubinden. Checklisten sind eine spezielle Arte von Formularen, die aufgrund ihrer systematischen Zusammenstellung verbindliche Standards festlegen sollen und eine vollständige Ausführung von Tätigkeiten und deren Dokumentation garantieren.

19

Dokumentenarten	Mögliche ABK	Erklärung
		In Checklisten werden Ergebnisse eingetragen und / oder es wird die Erledigung bestimmter Aufgaben abgehakt / dokumentiert. FM werden entweder für den Gebrauch innerhalb der KITA erstellt oder mit Außenwirkung (Aushang, Elternbrief) eingesetzt. Im Fall der Außenwirkung ist es sinnvoll, eine Dokumentenvorlage ohne die Kopf- und Fußzeile des QMS aufzubereiten (vgl. auch Kapitel 2.2.5.1).
Informationsblätter auch: Merkblätter	IB MB	IB sollten für die Weitergabe von Daten, Informationen und Wissen seitens der KITA für Außenstehende (z.B. Eltern) zur Verfügung gestellt werden. Nur eigens entwickelte IB sind Bestandteil des QMS der KITA. IB, die nicht in der KITA erstellt werden und auf welche die KITA keinen Einfluss hat, sollten als mit geltende Unterlage verstanden werden. Beispiel: Information zum Verhalten bei ansteckenden Krankheiten in der KITA

Tabelle 1: Ergänzende QM-Dokumente

> TIPP
> Musterbeispiele für einige Dokumentenarten finden Sie im Buch im Anhang bzw. auf unserer Internetseite www.qm-in-kitas.de.

2.2.3 Qualitätspolitik

Die Qualitätspolitik (Q-Politik), die in der DIN EN ISO 9001 verlangt wird, begegnet uns heute häufig auch unter dem Begriff Leitbild. Beide Begriffe können ein und dasselbe beinhalten bzw. sind austauschbar zu verstehen. Die Erfahrung hat allerdings gezeigt, dass es in KITAS häufig ein Leitbild aus Sicht der Träger gibt und ergänzend hierzu eine Q-Politik, die eigens in der KITA entwickelt wurde.

Zur Begrifflichkeit: Die Q-Politik gibt Aufschluss über das Selbstbild der Organisation, welche strategischen Ziele sie hat, wie sie diese erreichen will bzw. wie sie arbeitet und welche

Aufgaben sie verfolgt. Soll die Zertifizierungserreichbarkeit gewährleistet sein, muss auch die Verpflichtung zur kontinuierlichen Verbesserung mit aufgenommen werden.

Eine Q-Politik sollte möglichst mit dem gesamten Team entwickelt werden, damit sich alle mit dieser identifizieren können. In der Regel wird der Q-Politik ein hoher Stellenwert zugesprochen. In der Praxis hat sich leider häufig gezeigt, dass entweder eine Person aus Zeitgründen die Q-Politik erstellt und diese mehr oder minder vom gesamten Team akzeptiert wird oder dass diese im Gesamtteam bzw. mit einigen Vertretern eines Teams erstellt werden und endlos lange Diskussionen ermüden und zum Zeitfresser werden. Lange Zeitaufwendungen für die Entwicklung einer Q-Politik im gesamten KITA-Team bringen nicht zwangsläufig positive Veränderungen im Team mit sich. Gleichzeitig erscheint eine Q-Politik, die stellvertretend durch eine einzelne Person erstellt wurde, als ein Papiertiger, der es nur selten zur Akzeptanz schafft.

TIPP
Wählen Sie den goldenen Weg der Mitte. Binden Sie Ihr Team mit in die Entwicklung der Qualitätspolitik ein. Weisen Sie zu Beginn auf ihr begrenztes Zeitbudget hin und dass Sie bei Bedarf auch zu einem späteren Zeitpunkt die Chance haben, Ihr Leitbild zu optimieren.

2.2.4 Qualitätsziele

Jedem QMS sollten Qualitätsziele zugrunde liegen, die regelmäßig vereinbart, geplant, umgesetzt, überwacht und bewertet werden. Um eine angemessene und objektive Bewertung vornehmen zu können, sind Kennzahlen für ein Ziel erforderlich. Praktisch lässt sich dies mit einem speziellen Formular umsetzen. Ein praktisches Beispiel hierzu finden Sie im Anhang. Es ist sinnvoll, zu Beginn eines Kindergartenjahres Ziele festzulegen, die bis zu einem festgelegten Zeitpunkt abzuarbeiten sind. Dabei sollte jedes Ziel eine Patin bekommen, die dafür zuständig ist, das die Zielerreichung gelingt. Darüber hinaus ist evtl. ein Team festzulegen und innerhalb des Teams für die Einzelaufgaben verantwortliche Personen. Nehmen Sie regelmäßige – mindestens quartalsweise – Bewertungen Ihrer Ziele vor. So verlieren Sie nichts aus den Augen und können rechtzeitig handeln, wenn der Erfolg zu scheitern droht oder sich zumindest zeitlich verzögert. Somit wird sichergestellt, bei Bedarf weitere Maßnahmen zur Zielerreichung einzuleiten und das Ziel im Arbeitsalltag im Blick zu behalten.

Bei der Festlegung von Zielen sollte berücksichtigt werden, dass die Ziele erreichbar, steuerbar und bewertbar sind.

BEISPIEL

Jede Mitarbeiterin soll im kommenden Jahr mindestens zwei Tage Schulungen bekommen. Die Schulungen sollen fachlicher Art sein und individuell mit der Mitarbeiterin entsprechend dem Bedarf der Mitarbeiterin und der KITA ausgewählt werden. Dieses Ziel kann gesteuert werden und außerdem können Kennzahlen hierfür festgelegt werden. Daraus folgt, es ist bewertbar.

2.2.5 Zuerst die Pflicht, dann die Kür: Sechs Prozesse

Die Umsetzung der DIN EN ISO 9001 erfordert die Dokumentation von sechs Verfahren (Normsprache) bzw. Prozessen. D. h., dass diese Prozesse beschrieben und zukünftig in einer geeigneten Weise dokumentiert werden müssen. Sechs Prozesse beschreiben zu müssen, bedeutet nicht, dass Sie auch sechs

Prozessbeschreibungen (vgl. Kapitel 2.2.5.5) entwickeln müssen. Gefordert ist lediglich die Dokumentation. D. h. übersetzt: Finden Sie einen Weg, der diese Prozesse beschreibt. Dies kann je nach Auffassung zusammengefasst in Prozessbeschreibungen erfolgen oder auch im QMH bereits berücksichtigt werden. Doch machen Sie sich zunächst ein Bild über die entsprechenden Verfahren, damit deutlicher wird, was hier konkret gemeint ist.

2.2.5.1 Prozess 1: Die Lenkung von QM-Dokumenten (4.2.3)[5]

Erarbeiten Sie für die Dokumentation dieses Prozesses eine eigene Prozessbeschreibung mit mindestens folgenden Angaben:

- Aufbau von QM-Dokumenten:

Beschreiben Sie den wesentlichen Aufbau Ihrer QM-Dokumente. Empfohlen wird die Erstellung einer Dokumentenvorlage mit Kopf- und Fußzeile, die für jedes neue QM-Dokument verwendet wird. Für Prozessbeschreibungen sollte auch die Struktur des Dokumentes mit seinen einzelnen Unterpunkten/Kapiteln standardisiert vorgegeben sein. Ein Beispiel hierzu geben die Prozessbeschreibungen im Anhang.

TIPP

Erstellen Sie eine Dokumentenvorlage mit Kopf- und Fußzeile, die für jedes QM-Dokument verwendet wird. In diesem Format kann niemand die Vorlage versehentlich überschreiben und Sie sparen viel Zeit und Ärger.
Hierzu finden Sie ein Videotutorial auf unserer Website www.qm-in-Kitas.de.

---

[5] In den Klammern finden Sie das jeweilige Bezugskapitel der Norm.

- Vorgehensweisen zur Erstellung, Prüfung und Freigabe von Dokumenten:
Definieren Sie, wer die QM-Dokumente erstellt, wer sie prüft und wer sie freigeben darf. Was verbirgt sich hinter den Begriffen Freigabe und Prüfung? Mit Freigabe ist gemeint, dass die freigebende Person inhaltlich für das Dokument verantwortlich ist.
Damit ist die Anweisung verbunden, dass es nun verbindlich gilt und angewendet werden muss. Vorab sollte aber die QMB prüfen, ob das Dokument den strukturellen Vorgaben Ihres QMS entspricht.
- Festlegung Prozessverantwortliche:
Definieren Sie, wer für welche Prozesse verantwortlich ist. Das kann in jeder Kita unterschiedlich sein. So mag in der einen Kita festgelegt sein, dass immer die Leitung für die Prozesse verantwortlich ist, in der anderen sind die Prozesse auf die einzelnen Mitarbeiterinnen möglichst gleichmäßig verteilt. Prozessverantwortliche übernehmen, wie es der Begriff schon sagt, die Verantwortung für einen Prozess. Praktisch bedeutet das, sie achten darauf, ob Änderungsbedarf im QMS mit Blick auf den Prozess besteht und informieren QMB und Leitung, sofern es sich nicht sowieso schon um die Leitung handelt.
- Wege der QM-Dokumente (z. B. Verteilung, Ablage):
Beschreiben Sie, wie die QM-Dokumente in der KITA an alle betroffenen Personen verteilt werden, wie dies dokumentiert wird (vgl. auch unsere Mustervorlage Lesebestätigung im Anhang), wer die Dokumente erhält und wer sie verteilt. Dies kann z. B. einfach in Papierform geschehen, per E-Mail oder Information darüber, dass die Dokumente auf dem Server der KITA an einer bestimmten Stelle zur Verfügung stehen.
- Schreibschutz:
Wichtig ist auch, dass die QM-Dokumente nicht versehentlich durch eine Anwenderin verändert werden. Daher sollte

jedes QM-Dokument entweder mit einem Passwort versehen sein, oder als WORD-Vorlage abgespeichert werden. Die WORD-Vorlage eignet sich besonders für Formulare oder ‚Dummys'. Eine Anleitung finden Sie im Kapitel 3.4. Oder speichern Sie Ihre QM-Dokumente als PDF-Dateien. Hinweise hierzu finden Sie in Kapitel 4.1.11.

> TIPP
> Als Leitung oder QMB sollten Sie regelmäßig - unabhängig von anderen Sicherungssystemen - Ihr QMS absichern und extern speichern. Das macht Sie im Falle eines Falles unabhängig und arbeitsfähig ohne großen Zeitaufwand.

- Änderung, Zurückziehen und Archivieren von QM-Dokumenten:

QM-Dokumente, die überarbeitet werden, sollten im Bereich der Änderung gekennzeichnet sein. Somit müssen die Mitarbeiterinnen nicht das gesamte Dokument genau untersuchen, sondern können schnellstmöglich die Änderung zur Kenntnis nehmen. Das geht ganz leicht z. B. durch farbliche Kennzeichnung, Durchstreichen von Text oder mittels dafür vorgesehener Änderungskennzeichnung in WORD - je nachdem, wie sicher man in der Anwendung der Software ist. Bei Formularen ist es sinnvoll, die Vorlagen ein Mal mit Änderungskennzeichnung zu verteilen und parallel zur Anwendung das überarbeitete Formular ohne Kennzeichnung bereitzustellen. Formulare sind zum Ausfüllen gedacht und dabei sind diese Kennzeichnungen nur störend, besonders, wenn die Formulare zum Verschicken oder Verteilen außerhalb der Kita gedacht sind.

Die alten Versionen Ihrer QM-Dokumente sollten als ungültig gekennzeichnet werden und sowohl in der EDV als auch im Papierwerk des QMS entfernt werden. Für eine vereinbarte

Zeit sollten sie dann durch die QMB in ein Archiv überführt werden. Eine Aufbewahrung von zwei bis fünf Jahren, je nach Platzmöglichkeiten der Kita, erscheint angemessen.

- Lesebestätigung:
Ein QMS ist ein verbindliches System und sollte dementsprechend verbindlich dokumentiert werden. Vereinfacht bedeutet dies, die QMB verteilt die QM-Dokumente an die betroffenen Kolleginnen, die der QMB wiederum den Erhalt und das Lesen des Dokumentes bestätigen sollten. Zum Lesen eines Dokumentes gehört selbstverständlich auch das Verstehen. Jeder ist hier selbst in der Verantwortung bei Unklarheiten oder auch Unstimmigkeiten nachzufragen. QMB und Leitung sollten hierfür immer ein offenes Ohr haben. Ein Beispiel für eine Lesebestätigung finden Sie im Anhang.

Das Beispiel unserer Lesebestätigung ist ausgerichtet auf die Verteilung in Papierform. Sollte bereits eine Verteilung in der EDV, z. B. über OUTLOOK möglich sein, können Sie es sich auch einfacher machen. In diesem Fall lässt sich der Erhalt von Lesebestätigungen automatisiert einstellen. Eine Erklärung hierzu finden Sie in Form eines Videotutorials auf unserer Website.

2.2.5.2 Prozess 2: Lenkung von Aufzeichnungen (4.2.4)

Hier stellt sich zunächst die Frage, was lenke ich wie und was sind Aufzeichnungen? Aufzeichnungen dienen immer dem Beweis dessen, was wir gearbeitet haben. So stellen die Protokolle von Teambesprechungen oder diese Formulare, die zur Dokumentation von Elterngesprächen herangezogen werden, eine Aufzeichnung dar. Sie belegen unsere Arbeit und Prozesse.

Machen Sie deutlich: Wer ist für die Erstellung verantwortlich, wo werden sie wie lange durch wen aufbewahrt bzw. abgelegt und welche Grundsätze im Umgang mit Aufzeichnungen werden vereinbart.

Dazu gehören Datenschutz, Berichtigung, Löschung, Vernichtung, Aufbewahrungsorte (Verfügbarkeit) etc.

> Tipp
> Überlegen Sie sich gut, ob Sie externe Dokumente in Ihr QMS einbinden. Extern heißt, dass die Dokumente nicht in Ihrer Kita entstanden sind. Auf diese Dokumente haben Sie zukünftig keinen Einfluss und sie müssten ständig ihre Aktualität prüfen. Einfacher machen Sie es sich, wenn Sie darauf verweisen.

2.2.5.3 Prozess 3: Lenkung fehlerhafter Produkte (8.2.2)

Die Lenkung fehlerhafter Produkte in einer Kita muss mit fehlerhafter Dienstleistung übersetzt werden. Doch was bedeutet dies für eine Mitarbeiterin in einer Kita? Im Grunde verhält es sich wie bei einem Theaterstück: Gesagt ist gesagt und getan ist getan. Rückgängig machen oder ‚Zurückrufen' wie z. B. in der Automobilproduktion lässt sich nichts. So lassen sich fehlerhafte Schriftstücke korrigieren, vergessene Tätigkeiten eventuell später durchführen, aber gerade die pädagogische Arbeit lässt sich sicher erst im Nachhinein durch individuelle Maßnahmen optimieren.

Einfach formuliert, lässt sich die Lenkung fehlerhafter Produkte auf den Umgang mit Fehlern und damit auf Korrekturmaßnahmen reduzieren. Entsprechend kann die in der Norm geforderte Dokumentation der Lenkung fehlerhafter Produkte zusammengefasst werden mit einer Prozessbeschreibung Korrekturmaß- und Vorbeugemaßnahmen. Darüber hinaus sollten Sie die Frage nach mangelhaften Arbeitsergebnissen generell auch im Qualitätsbericht (vgl. auch Kapitel 2.3.8) berücksichtigen.

2.2.5.4 Prozess 4: Interne Audits (8.3)

Interne Audits stellen ein ganz besonderes Ereignis im Kita-Team dar und sollen aufzeigen, wie wirksam das QMS ist. Wirksam heißt ganz einfach zu prüfen, ob so gearbeitet und gehandelt wird, wie es in den Vorgaben des QMS geregelt ist. Das geschieht in Frage-Antwort-Situationen, wobei die befragten Kolleginnen ihre Arbeit erklären und möglichst viel mit Belegen (z. B. Akten, Dokumente wie Teambesprechungsprotokolle, die Dokumentation eines Elterngesprächs etc.) untermauern. Die Belege dienen als Nachweis für Ihre Arbeit und ermöglichen erst dem Auditor eine objektive Beurteilung. Mögliche Fragen könnten z. B. sein:
- Für welche Abläufe sind Sie zuständig?
- Wie ist dieser Ablauf geregelt?
- Wo ist er beschrieben?
- Wie ist anhand eines Beispiels dieser Ablauf nachvollziehbar?

Eine detailliertere Darstellung ist an dieser Stelle nicht möglich, weil dies den Rahmen unseres Buches sprengen würde. In Ihrer Prozessbeschreibung sollten folgende Punkte berücksichtigt werden, für die Sie jeweils auch Formulare bereitstellen sollten:
- eine (Audit-) Jahresplanung: Hier ist für eine überschaubare Kita kein großer Aufwand erforderlich. Planen Sie doch im Zusammenhang mit Ihrem Q-Bericht das interne Audit für das Folgejahr.
- eine (Audit-) Detailplanung: Erstellen Sie eine Art Agenda oder Stundenplan für den Tag und geben Sie an, wer in welchem Zeitraum in welchem Themenbereich aus dem QMS durch wen befragt wird. So hat jede Mitarbeiterin die Möglichkeit, sich auf das Gespräch vorzubereiten.
- einen (Audit-) Bericht: Der Auditor oder die Auditorin sollte hier die Ergebnisse seiner/ihrer Beobachtungen festhalten.

- einen (Audit-) Abweichbericht: Des Weiteren werden Abweichberichte empfohlen, die aufzeigen, wo im QMS das Handeln und die Vorgaben des QMS nicht deckungsgleich sind.
- (Audit-) Folgemaßnahmen. Dokumentieren Sie, wie die Ergebnisse aus dem Audit abgearbeitet werden, wenn Sie Empfehlungen für Verbesserungen bekommen haben oder gar Abweichungen festgestellt wurden.
- Darüber hinaus
  - berücksichtigen Sie bitte die Auditergebnisse in Ihrem Qualitätsbericht und
  - bewerten Sie die internen Auditoren.

> EMPFEHLUNG
> Eine Empfehlung zeigt Ihnen Verbesserungspotenzial auf.
> ABWEICHUNG
> Die Arbeitsabläufe oder die Dokumentation erfolgt anders als im QMS dargestellt. Hier besteht akuter Handlungsbedarf. Passen Sie entweder das QMS oder Ihre Vorgehensweise an. Das müssen Sie jeweils im Einzelfall je nach Sinn entscheiden.

Auch wenn die Systemüberprüfung im Vordergrund steht, nehmen viele Menschen ein internes Audit als eine persönliche Überprüfung wahr. Dem können Sie als Leitung oder Kollegin aber mit den richtigen Informationen entgegenwirken. Klären Sie über die Bedeutung von internen Audits auf und weisen Sie wiederholt darauf hin, dass das System angeschaut wird und nicht der einzelne Mensch, auch wenn dieser stellvertretend antworten muss. Ein internes Audit sollte nicht für personalpolitische Maßnahmen eingesetzt werden. So verschrecken Sie Ihr Team und die Akzeptanz für Audits geht verloren oder wird erst gar nicht aufgebaut. Und geben Sie bitte rechtzeitig die

Durchführung Ihres internen Audits an; Ihre Mitarbeiterinnen oder Kolleginnen möchten sich vorbereiten.
Und wer kann ein internes Audit durchführen? Theoretisch können Sie dafür in Ihrer KITA selbst sorgen. Doch beachten Sie bitte einige Anforderungen: die Auditorin sollte sich gut mit dem QMS auskennen, nicht ihren eigenen Verantwortungsbereich auditieren, um absolute Objektivität wahren zu können und natürlich im Auditieren geschult sein. Diese Anforderungen stellen sicher eine enorme Hürde dar. Aber betrachten Sie es einfach so: ohne den Wunsch nach einer Zertifizierung nach DIN EN ISO 9001 besteht für Sie kein Druck, ein Audit durchzuführen. Kümmern Sie sich erst um den Aufbau Ihres QMS und darum, dass es auch gelebt wird. Über interne Audits können Sie dann nachdenken, wenn sich Ihr System ein Stück weit etabliert hat.

TIPP
Die Durchführung von internen Audits ist ein gutes Werkzeug, um das gesamte Team zu disziplinieren und bei Bedarf den bereits erwähnten ‚Frühjahrsputz' regelmäßig zu wiederholen. Die Durchführung an sich ist schwierig und muss theoretisch und praktisch trainiert werden. Und das benötigt personelle, zeitliche und finanzielle Ressourcen und Potenziale, die häufig nicht vorhanden sind. Doch es besteht die Möglichkeit, z. B. externe Berater zu beauftragen, die diese Aufgabe übernehmen.
Oder Sie kooperieren mit anderen KITAS, die auch bereits interne Audits durchführen, und auditieren sich gegenseitig. Auf diese Weise stellen Sie sicher, dass niemand seinen eigenen Verantwortungsbereich betrachtet. Bitte nehmen Sie sich bei diesem Modell dem Thema Vertraulichkeit sensibel an, z. B. durch eine offizielle Vertraulichkeitserklärung!

2.2.5.5 Prozess 5: Korrekturmaßnahmen (8.5.2) und Prozess 6: Vorbeugemaßnahmen (8.5.3)

Auch die Umsetzung von Korrekturmaßnahmen sollte in einer Prozessbeschreibung geregelt werden. Dabei ist es gut möglich, innerhalb dieser Prozessbeschreibung gleichzeitig die Vorgehensweisen im Falle von vorbeugenden Maßnahmen zu definieren. Im Wesentlichen ist hier der Unterschied, dass man bei Korrekturmaßnahmen nach dem Auftreten eines Fehlers agiert und bei Vorbeugemaßnahmen Fehlern zuvorkommt. Richten Sie sich zur Dokumentation am besten ein Formular ein, das folgende Punkte berücksichtigt:

- Was wurde festgestellt bzw. welche Verbesserung wird vorgeschlagen?
  - Durch wen?
  - Wann?
- Welche Maßnahme wird ergriffen, um die Fehlerquelle abzustellen bzw. den Verbesserungsvorschlag umzusetzen?
  - Durch wen?
  - Bis wann zu erledigen?

Und mit etwas Zeitabstand sollte die Leitung und/oder die Qualitätsmanagementbeauftragte (QMB) prüfen, ob die Maßnahmen wirksam waren.

D. h. übersetzt: Prüfen Sie, ob Ihr Engagement etwas gebracht hat. Andernfalls ergreifen Sie weitere Maßnahmen. Sämtliche Maßnahmen sollten mit QMB und Leitung abgestimmt sein. Sehr häufig stellt sich allerdings die Frage ‚Was für Fehler soll ich schriftlich festhalten? Jeder kleinste Fehler wäre doch zu viel.'

> **BEISPIEL**
> Dokumentieren kann sich lohnen: Sie haben in der Teambesprechung vereinbart, dass zukünftig täglich die Temperatur des Kühlschranks geprüft und dokumentiert wird, da die Kinder in Ihrer KITA mit Essen versorgt werden und Sie auf alle Fälle sicher gehen möchten. Nach einiger Zeit stellen Sie fest, dass dies nicht erfolgt, sobald die verantwortliche Kollegin erkrankt. Ihre Maßnahme: Sie nehmen diesen Punkt mit auf in die Checkliste zur Krankenvertretung.

2.2.5.6 Dokumente, die seitens der KITA für relevant erachtet werden

Abschließend muss jede KITA für sich festlegen, welche Dokumente sie innerhalb des QMS für relevant erachtet. Ausschlaggebend werden dabei die Größe des Teams, der Bildungs- und Wissensstand sowie der Rahmen der Routineaufgaben sein. In einem QMS muss nicht alles bis auf das letzte kleine Detail geregelt sein. Wichtig sind die Routineaufgaben, die uns im Arbeitsalltag beschäftigten. Aufgaben, die nur sehr selten vorkommen bzw. absolut individuell sind, sollten auch individuell bearbeitet werden. Regelungen für Aufgaben, die eventuell ein Mal vorkommen, müssen nicht vorab schriftlich im QMS fixiert werden.

> **TIPP**
> Seltene Notfälle und wie gehe ich damit um? Sie möchten auf mögliche Notfälle gut vorbereitet sein? Notfälle sind sicher ein Sonderfall, bei dem es sinnvoll ist, sich vorab Gedanken zu machen und alle notwendigen Informationen zusammenzutragen.
> Ein Beispiel für einen Notfall: Sie stellen eine Aufsichtspflichtverletzung fest.

2.3 Weiterführende Anforderungen nach DIN EN ISO 9001

2.3.1 Beschreibung der ‚Wechselwirkung' der Prozesse

Abgesehen von den sechs oben bereits genannten Prozessen legt jede KITA selbst fest, welche Prozesse standardisiert geregelt und im QMS beschrieben werden müssen. Dabei muss auch berücksichtigt werden, in welcher Wechselwirkung die einzelnen Prozesse miteinander stehen. Wechselwirkungen können z. B. dadurch aufgezeigt werden, dass in einer Prozessbeschreibung auf eine andere verwiesen wird. Eine andere Möglichkeit bietet die bereits erwähnte Darstellung in so genannten Prozesslandkarten.

> BEISPIEL
> Ein Verweis von einer Prozessbeschreibung auf die andere liegt dann vor, wenn in der Prozessbeschreibung Beschwerdemanagement auf die Prozessbeschreibung Dienstbesprechung verwiesen wird, weil z. B. Beschwerden grundsätzlich in Dienstbesprechungen thematisiert werden.

Geben Sie einmal bei GOOGLE den Begriff ‚Prozesslandkarte' ein und Sie werden feststellen, dass hierzu zahlreiche verschiedene Modelle bestehen. Es macht zwar Arbeit, aber es hilft: Schaffen Sie Ihre eigene Prozesslandkarte. Sie bringt Übersicht in Ihr System und mit ihr sorgen Sie gleich dafür, dass Ihr QMS eine passende Struktur bekommt.

Hier noch ein Beispiel für eine Prozesslandkarte, erstellt mit Hilfe der SmartArt-Graphik-Funktion in WORD 2010 (zu finden unter dem Reiter Einfügen> Illustrationen[6]). Weitere Wechselwirkungen könnten ergänzend zur Prozesslandkarte in Textform dargestellt werden. So praktisch Prozesslandkarten sind, ihre Erstellung ist recht langwierig. Darum haben wir uns hier für ein stark vereinfachtes Modell entschieden. Für tiefergehende Darstellungen finden Sie weitere Hinweise auf unserer Website www.qm-in-kitas.de.

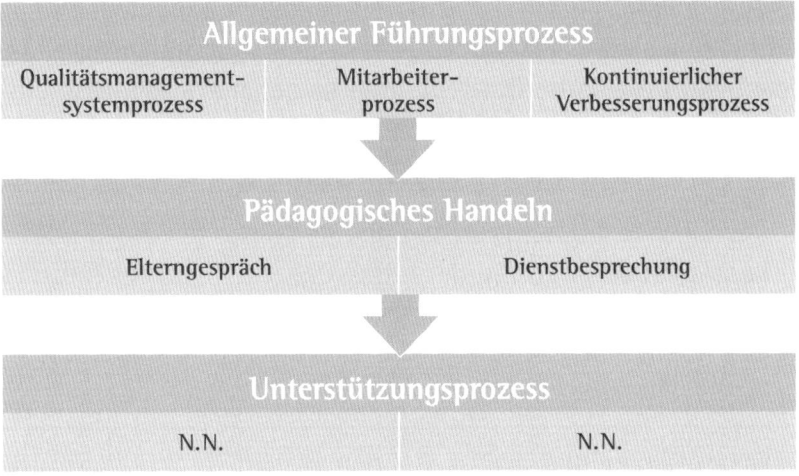

Abbildung 1: Prozesslandkarte

2.3.2 Personalkompetenz

Wenn es darum geht, Personalkompetenzen aufzuzeigen, bietet sich eine Prozessbeschreibung ‚Weiterbildung' an. Diese sollte klare Regelungen zur Weiterbildungsdokumentation be-

---

[6] In WORD 2007 finden Sie diese Funktion in der Menüleiste unter Einfügen>SmartArt.

inhalten. Sinnvoll ist, wenn am Anfang eines Jahres eine Planung der Weiterbildungsmaßnahmen für alle Mitarbeiterinnen erfolgt. Der Anbieter einer Maßnahme muss zu diesem Zeitpunkt noch nicht feststehen. Häufig findet sich erst im Laufe eines Jahres der passende Anbieter. Wichtig ist das Thema bzw. ein Ziel miteinander zu vereinbaren. Hilfreich ist eine Übersicht mit Weiterbildungsmaßnahmen entweder je Mitarbeiterin oder zusammengefasst für das gesamte Team.

Zwei konkrete Forderungen aus der Norm sind die Schulungsbewertung und die Wirksamkeitsüberprüfung. Die Bewertung einer Schulung kann direkt im Anschluss an die Schulung durch die Teilnehmerin erfolgen. Die Wirksamkeitsüberprüfung sollte durch die Leitung mit einem gewissen Zeitabstand erfolgen, z. B. nach einem Monat. Auf diese Weise lässt sich feststellen, ob die Schulung für die Mitarbeiterin Sinn ergeben hat. Wenn nicht, sollten weitere Maßnahmen folgen. Die Form der Wirksamkeitsüberprüfung sollte gemeinsam festgelegt werden. Z. B. ist die Weitergabe von Informationen während einer Teambesprechung denkbar oder ein Mitarbeitergespräch. Ggf. lassen sich Ergebnisse aber auch direkt im Arbeitsalltag beobachten. In jedem Fall sollte mittels standardisiertem Formular eine Dokumentation der Schulungsbewertung und ggf. der Wirksamkeitsüberprüfung erfolgen.

Wer bewertet die Leitung nach Abschluss einer Weiterbildung? Üblich ist die Bewertung durch eine übergeordnete Person. Für die Leiterin der KITA selbst wird dies schwierig. Sollte sich seitens des Trägers niemand anbieten, müsste auf eine außenstehende, objektive Bewertung verzichtet werden.

Häufig stößt eine Wirksamkeitsüberprüfung bei Mitarbeiterinnen auf Widerstand aus Angst vor Restriktionen. Sie sollten verdeutlichen, dass es nicht darum geht, vorzuführen oder negativ zu bewerten, sondern festzustellen, ob die Weiterbildung effizient war und bei Bedarf gemeinsam zu handeln.

2.3.3 Produkt-/Dienstleistungsrealisierung und -entwicklung

Ihre in der DIN EN ISO 9001 so genannte Dienstleistungsrealisierung, also Ihre alltäglichen Arbeitsabläufe in der Kita, definieren Sie bereits in Prozessbeschreibungen. Darüber hinaus müssen Sie eine Regelung zu Ihrer Entwicklungsarbeit, d. h. Dienstleistungsentwicklung gemäß Norm, finden. Was lässt sich unter Dienstleistungsentwicklung verstehen? Als Kita übernehmen Sie keine produktiven Aufgaben im Sinne eines Herstellungsprozesses. Stattdessen ist Ihre Arbeit als eine ‚Dienstleistung' zu verstehen. Entwicklung bedeutet, dass Sie eine neue Aufgabe übernehmen bzw. ein neues Angebot in Ihrer Kita einführen.

In einer Kita verfügen Sie nicht, wie es in einem produzierenden Unternehmen häufig der Fall ist, über eine Entwicklungsabteilung. Daher sollten Sie den Aspekt Entwicklung in einem kleinen Rahmen im QMS berücksichtigen. Nutzen Sie z. B. Ihr Formular für die Zieleplanung und beschreiben Sie Ihre Regelung kurz im QMH oder in einer eigenen Prozessbeschreibung. Um Ihnen ein Beispiel zu nennen: Derzeit entsteht gerade im Bereich U3 häufig ein neues Angebot in Kitas oder im Bereich der Integration oder Inklusion.

2.3.4 Bewertung von Lieferanten und Dienstleistern

Eine Bewertung von Lieferanten und Dienstleistern sollten Sie regelmäßig vornehmen. Gehen Sie davon aus, dass eine jährliche Bewertung ausreichend ist, insbesondere wenn Reklamationen selten oder gar nicht vorkommen. Sollten Reklamationen eher Standard sein, werden ein eigenes Verfahren und damit eine Prozessbeschreibung sinnvoll. Zu einer QM-konformen Bewertung gehört auch, dass Kriterien zur Beurteilung vorab festgelegt werden, so dass eine einheitliche und vergleichbare Bewertung der Lieferanten und Dienstleister möglich wird.

> TIPP
> Erstellen Sie eine Übersicht mit Ihren Lieferanten und Dienstleistern inkl. Kontaktinformationen und tragen Sie dort jährlich Ihre Bewertungen ein.

2.3.5 Überwachungs- und Messmittel-Management

Zum Überwachungs- und Messmittel-Management gehören die Kalibrierung von Messmitteln, wie z. B. Thermometer, die Eichung von Messmitteln oder die Instandhaltung von Arbeitsgeräten. Die Aspekte Kalibrierung und Eichung dürften in KITAS nicht bis kaum relevant sein. Messmittel, in Form eines Thermometers, werden höchstens im Kühlschrank zum Einsatz kommen, um sicherzustellen, dass die Lebensmittel ausreichend gekühlt sind. Interessanter wird es, wenn es um die Instandhaltung geht. Verschiedene Arbeitsmaterialien sowie Spielgeräte und Ausstattungsmaterialien sollten regelmäßig gewartet und überprüft werden. Hierzu ist eine entsprechende Prozessbeschreibung sinnvoll sowie eine Übersicht, in der diese aufgeführt sind und die Instandhaltung dokumentiert wird (wer, was, wann, wie, Datum, Kürzel, Status).

2.3.6 Ermittlung der Kundenzufriedenheit

Kundenzufriedenheit muss ermittelt werden, doch was heißt das? Eine echte Verpflichtung zur Kundenbefragung besteht nicht. Allerdings stellt sich die Frage, inwieweit man in der Lage ist, ohne Befragung die Zufriedenheit zu ermitteln? Zunächst lässt sich z. B. im Zusammenhang mit dem Qualitätsbericht erfragen, ob es berechtigte Beschwerden gab, und wenn ja, wie viele auftraten und ob diese allesamt abgearbeitet wurden. Bereits im zweiten Jahr ließe sich hier sogar ein erster Trend erfassen. Keine berechtigten Beschwerden lassen zudem eher auf Zufriedenheit zurückschließen. Darüber hinaus lassen sich im Laufe eines KITA-Jahres auch weitere Rückmeldungen von ‚Kunden' sammeln und im Qualitätsbericht auswerten. Eine objektivere und professionellere Methode stellt natürlich die Befragung dar, die seitens der Autoren auch empfohlen wird (vgl. Kapitel 4).

2.3.7 Kennzahlen

Besonders umfassend und objektiv wird ein QMS mit der Einführung von Kennzahlen. Erfahrungsgemäß ist dies allerdings für alle Beteiligten ein schweres Kapitel und wird häufig auch mit als Letztes in Angriff genommen. Schon bei der Festlegung von Kennzahlen tauchen die ersten Fragen auf: Wie bilde ich sinnvolle Kennzahlen, die ich beeinflussen, regelmäßig überwachen und bewerten kann? Und wie begegnet die Leitung oder der Träger den Mitarbeiterinnen, die möglicherweise Angst vor der Ermittlung der Zahlen haben und dieses zunächst ablehnen. Als Leitung sollten Sie deutlich machen, dass hier nicht personalpolitische Maßnahmen Ziel der Kennzahlenerfassung sein sollen, sondern die Bewertung von Prozessen und des QMS. Und als Mitarbeiterin sollten Sie sich vor Augen führen, dass Sie Ihre Arbeit professionell machen. Die Festlegung der Kennzahlen ist Aufgabe der Leitung, aber alle Betroffenen müssen mitwirken, denn sie sind gemeinsam verantwortlich für den Erfolg. Für die praktische Umsetzung erstellen Sie sich am besten ein passendes Formular, sollte Ihre EDV nicht über eine adäquate Funktion zur Kennzahlenerfassung und -auswertung verfügen.

> BEISPIEL
> Kennzahlen: Jede Mitarbeiterin absolviert mindestens einen Tag Schulung pro Jahr.
> Es werden mindestens zwei Ausflüge pro Jahr angeboten.
> Berechtigte Beschwerden werden zu 100 % abgearbeitet.

2.3.8 Qualitätsbericht

Mit einem Qualitätsbericht fassen Sie die Wirksamkeit und damit den Status Ihres QMS regelmäßig zusammen, d. h. möglichst einmal jährlich. Nach DIN EN ISO 9001 müssen in einem Q-Bericht (dort Management Review genannt) mindestens folgende Elemente enthalten sein:
- Qualitätspolitik und Ziele
- Ergebnisse von Audits
- Rückmeldungen von Kunden (inkl. Befragung – sofern erfolgt/geplant)
- Prozessleistung und Produktkonformität
- Status von Korrektur- und Vorbeugemaßnahmen
- Folgemaßnahmen vorangegangener Q-Berichte
- Änderungen, die sich auf das QMS auswirken könnten,
- Empfehlungen für Verbesserungen.

Machen Sie es sich einfach und entwickeln Sie ein angemessenes Formular zur Erstellung des Q-Berichts, damit Sie keinen der Punkte vergessen. Zum Punkt Prozessleistung: Bewerten Sie jeden Ihrer Prozesse (bei vielen Prozessen könnten Sie diese auch für die Bewertung zusammenfassen entsprechend Ihrer Prozessstruktur). Dafür können Sie verschiedene Möglichkeiten wählen, z. B. Schulnoten, 1 bis 4, sehr gut, gut ..., Symbole wie Smileys ☺ ☺ ☹ etc. Der Bericht sollte durch die Leiterin und die QMB erfolgen. Bei Bedarf können Sie weitere Mitarbeiterinnen einbeziehen.

2.3.9 QM und kein Ende: Der kontinuierliche Verbesserungsprozess (KVP)

Ein ganz wesentliches Element ist der KVP, der Ihnen immer wieder im vorliegenden Buch begegnet ist. Damit Sie den Überblick behalten, was den KVP ausmacht, sind die einzelnen Punkte hier zusammengestellt:
- Ziele (inkl. Überwachung und Bewertung)
- Prozessbeschreibung Korrektur- und Vorbeugemaßnahmen
- Qualitätsbericht
- Interne Audits
- Ermittlung der Kundenzufriedenheit
- Beschwerdemanagement

Plan-Do-Check-Act-Zyklus (PDCA)
Die einzelnen Elemente unterliegen alle dem PDCA-Zyklus (vgl. Kapitel 2.9.1).

2.3.10 Ausgelagerte Prozesse

Sollten in Ihrer KITA Prozesse ausgelagert sein, die Sie im Grunde selbst übernehmen könnten, dann müssen auch diese mit im QMS eingebunden sein und QM-konform umgesetzt werden. Vielleicht haben Sie die Sprachförderung ausgelagert oder Beratungsaufgaben an die Familienbildungsstätte abgegeben. Dann muss dies auch im QMS berücksichtigt werden.

2.4 Was wirklich wichtig ist? – Ein Vorschlag zur Prioritätensetzung

Zum jetzigen Zeitpunkt sollte klar geworden sein, dass die Erarbeitung eines QMS viel Arbeit macht und sowohl inhaltlich als auch vom Umfang her individuell gestaltet werden muss. Darum haben wir eine Übersicht entwickelt, die es leichter macht, inhaltliche Prioritäten unter Berücksichtigung individueller Zeitkontingente zu setzen. Betrachten Sie die folgende Tabelle als ein Hilfsmittel, um eigene Prioritäten bei der Erstellung der QM-Dokumentation abzubilden.

In der Tabelle sind die wesentlichen Anforderungen an ein QMS nach DIN EN ISO 9001 berücksichtigt. Sie muss auf jeden Fall um die Dokumente erweitert werden, die darüber hinaus in der Kita für erforderlich erachtet werden. Schwerpunkt werden hier die Kernprozesse (häufig auch Leistungsprozess genannt) sein. Je mehr von den Dokumentationsanforderungen umgesetzt werden, desto näher rückt eine Kita in Richtung Zertifizierungsfähigkeit. Auch das sollte bei der individuellen Prioritätensetzung berücksichtigt werden.

Eine Garantie für das Gelingen einer Zertifizierung kann diese Publikation nicht abgeben, da in einem Buch niemals alle unbekannten, individuellen Variablen einer Einrichtung und eines QMS abgedeckt werden können.

Qualitätsmanagement in Kindertageseinrichtungen

Dokumentationsanforderung nach DIN EN ISO 9001	Hinweis	Priorität		
		hoch	mittel	niedrig
Qualitätsmanagementhandbuch	Ein QMH sollte auf jeden Fall im Sinne eines Wegweisers durch das QMS erstellt werden.	X		
Qualitätspolitik	Empfohlen wird ein Aushang in der KITA. Machen Sie QM sichtbar.	X		
Qualitätsziele	Ziele sind ein wichtiger Entwicklungsschritt, die auch positive Auswirkungen auf den KVP haben.	X		
Sechs Pflichtprozesse:				
Lenkung von Dokumenten	Hiermit legen Sie die Spielregeln für das QMS bzw. die QM-Dokumentation fest. Diese Vorgaben sind gleich zu Anfang sehr wichtig, um ein verständliches und ansprechendes QMS zu haben.	X		
Lenkung von Aufzeichnungen	Auch dieses Dokument ist von großer Wichtigkeit. Eine KITA stellt einen besonders sensiblen Bereich dar. Eine saubere Dokumentation schafft Sicherheiten.	X		
Lenkung fehlerhafter Produkte (hier Dienstleistung)	Kann über eine Prozessbeschreibung ‚Korrektur- und Vorbeugemaßnahmen' erfolgen			X
Interne Audits	Ohne Zertifizierungsabsichten besteht hier kein Druck zum schnellen Handeln.			X
Korrekturmaßnahmen	Der kontinuierliche Verbesserungsprozess ist ‚das' wesentliche Element der DIN EN ISO 9001. Unterstützen Sie mit der Dokumentation, Ihre Verbesserungen und Korrekturen sichtbar zu machen.	X		
Vorbeugemaßnahmen	vgl. Korrekturmaßnahmen	X		
Weitere Anforderungen:				
Beauftragung Qualitäts-managementbeauftragte (QMB)	Eine schriftliche Beauftragung könnte auch außerhalb des QMS bereits vorliegen.		X	

Einführung in Qualitätsmanagement

Dokumentationsanforderung nach DIN EN ISO 9001	Hinweis	Priorität		
		hoch	mittel	niedrig
Aufgabenbeschreibung QMB	Wichtig ist zunächst, dass der QMB ihre Aufgaben bekannt sind.		X	
Stellenbeschreibung	Stellenbeschreibungen sind indirekte Anforderungen, da nach DIN EN ISO 9001 Verantwortlichkeiten festgelegt werden sollen. I.d.R. liegen diese bereits vor (z.B. beim Träger). Achtung: Hier sind Datenschutz und Vertraulichkeiten zu berücksichtigen und auch zu gewähren!		X	
Tabelle der gültigen QM-Dokumente	Die Tabelle kann als Bestandteil der Dokumentenlenkung (s.o.) betrachtet werden und sollte einen Überblick über die gültigen QM-Dokumente im QMS verschaffen.	X		
Prozesslandkarte	Die Wechselwirkung und Schnittstellen von Prozessen sollten systematisch dargestellt werden. Wichtiger sind aber zunächst die eigentlichen Prozessbeschreibungen.		X	
Weiterbildungsdokumentation	Eine Systematisierung der Weiterbildung wird auf jeden Fall empfohlen.	X		
	Die dokumentierte Bewertung von Weiterbildungen wäre in einem zweiten Schritt wünschenswert.		X	
	Die Wirksamkeitsüberprüfung wird erst mit Wunsch der Zertifizierungsfähigkeit erforderlich, so dass man aus zeitlichen Gründen darauf verzichten könnte.			X
Beschreibung von Informationswegen	Dazu gehört z.B. die Dienstbesprechung.		X	
Kundenzufriedenheit	Der Aspekt sollte – da er sehr wichtig ist – bereits berücksichtigt werden.	X		
	Eine Befragung an sich könnte auch in einem zweiten Schritt erfolgen.			X

Qualitätsmanagement in Kindertageseinrichtungen

Dokumentationsanforderung nach DIN EN ISO 9001	Hinweis	Priorität		
		hoch	mittel	niedrig
Beschaffungsdokumentation	In einem ersten Schritt sollte zumindest eine Übersicht über Lieferanten und Dienstleister der KITA zwecks praktischer Anwendung bei Bestellungen und Auftragsvergabe eingerichtet werden.	X		
	Bei Wunsch nach Zertifizierungsfähigkeit muss auf jeden Fall eine regelmäßige Bewertung von Lieferanten und Dienstleister erfolgen.			X
Überwachungs- und Messmittel-Management	Eine Übersicht mit Berücksichtigung von Instandhaltungsterminen ist sehr wichtig, da es hier häufig um Sicherheit geht.	X		
Dienstleistungsentwicklung	Empfohlen wird eine einfache Berücksichtigung mittels Zieledokumentation (vgl. Musterbeispiel im Anhang).		X	
Kennzahlen	Kennzahlen sind zwar wichtig, aber die Abarbeitung von Kernprozessen ist wichtiger, weil sie den Arbeitsalltag regeln.		X	
Qualitätsbericht (Management Review)	Ein Qualitätsbericht ist sinnvoll zur Reflektion, aber nur zwingend erforderlich, wenn die Zertifizierungsfähigkeit angestrebt wird.			X
Zu ergänzen	...			

Tabelle 2: Prioritätensetzung QMS

2.5 Qualitätsmanagement und Ihre Rolle ...

... als Leitungsfunktion

Als Leiterin einer Kita kommt Ihnen mit der Einführung eines QMS eine weitere verantwortungsvolle Rolle zu. Laut DIN EN ISO 9001 müssen Sie sich selbst zur Anwendung, Entwicklung und Verbesserung eines QMS verpflichten. Doch wie machen Sie dies deutlich? Sprechen Sie die Verpflichtung z. B. im QMH aus. Und seien Sie Ihrem gesamten Team ein Vorbild, wenn es darum geht, QM zu leben. So schaffen Sie es auch, dass Ihre Q-Politik und das QMS umgesetzt werden.

Des Weiteren müssen Sie als Leiterin Verantwortung und Befugnisse festlegen und eine adäquate Kommunikation im Team sicherstellen. Das können Sie bereits mit Organigramm, Stellenbeschreibungen und den Prozessbeschreibungen umsetzen. Außerdem sollten Sie eine Qualitätsmanagementbeauftragte (QMB) benennen. Machen Sie dies schriftlich und vereinbaren Sie genau die Aufgaben, die Ihre QMB zukünftig übernimmt. Sie sind auch dafür verantwortlich, dass ausreichend Ressourcen für Ihr QMS zur Verfügung stehen, dass QMH und Q-Politik aktuell sind, legen die Qualitätsziele fest und führen die Managementbewertung (Qualitätsbericht) durch.

... als Qualitätsmanagementbeauftragte

Als QMB ist es Ihre Aufgabe, das QMS zu vermitteln und in allen QM-Fragen zu beraten und zu unterstützen. Sie überprüfen das QMS und alle QM-Dokumente auf System- und Normkonformität. Sie pflegen, verwalten und archivieren die QM-Dokumentation. Bei all Ihren verantwortungsvollen Aufgaben sind Sie kein ‚Mädchen für alles'. Als QMB müssen Sie nicht alle Dokumente erstellen. Die Erstellung kann jeder übernehmen, der mit der zu beschreibenden Aufgabe bzw. dem Ablauf vertraut ist. Die Prüfung von Dokumenten auf Normkonformität hin erfolgt aber durch die QMB. Achten Sie als QMB also darauf, dass Sie nicht alle Aufgaben übernehmen, die mit dem QMS im Zusammenhang stehen. Es müssen Aufgaben auch an andere Kolleginnen vergeben werden, denn die Zeit wird erfahrungsgemäß für alle knapp sein.

... **als Mitarbeiterin**
sollten Sie das QMS lebendig halten, indem Sie es anwenden, hinterfragen und verbessern und somit Ihren Teil an Verantwortung für eine gute Teamarbeit übernehmen. Denn ein QMS kann eben auch nur so gut sein wie das Team, durch das es lebt.

2.6 Mein Qualitätsmanagementsystem ist fertig und was dann?

Ein QMS ist niemals abgeschlossen. Schon allein der Gedanke der kontinuierlichen Verbesserung steht dem entgegen. Leben Sie Ihr QMS, dann bleibt es flexibel und auch die Kita mit Ihrem Team kann sich weiterentwickeln.

2.7 Auf zur Zertifizierung?

Bei einer Zertifizierung unterziehen Sie sich i. d. R. einer Dokumentenprüfung und einem Zertifizierungsaudit durch ein Zertifizierungsunternehmen. Diese sind in der Lage, Ihr QMS objektiv zu prüfen. Zertifizierungen der DIN EN ISO 9001 sind drei Jahre lang gültig, wobei im ersten Jahr ein Zertifizierungsaudit erfolgt und in den Jahren zwei und drei ein Überwachungsaudit, das etwas weniger Zeit in Anspruch nimmt. Das erteilte Zertifikat bleibt nicht automatisch drei Jahre gültig. Dazu müssen auch die Überwachungsaudits positiv verlaufen.

Nun stellen Sie sich die Frage: ‚Was soll eine Zertifizierung bringen?' Sie werden erleben, wie sich das gesamte Team um ein positives Ergebnis bemüht, denn normalerweise möchte niemand schlecht abschneiden, wenn ihm bei seiner Arbeit über die Schulter geschaut wird. Einige Wochen vor der Zertifizierung wird das Engagement in Sachen QM nochmals steigen und alle Mitarbeiterinnen werden sich den Stand des QMS anschauen. Und das ist gut so, denn im Laufe eines Jahres und unter dem Druck des Arbeitsalltags ist es ganz normal, dass es nach und nach mehr in den Hintergrund tritt. Auch hier erleben Sie manches Mal die Wirkung eines ‚Frühjahrsputzes'.

Natürlich hat eine Zertifizierung nicht nur Vorteile. Sie kostet Zeit und Geld, und das nicht zu knapp. Bei der Wahl eines Zertifizierers[7] sollten Sie sehr aufmerksam sein und sich mehrere Angebote einholen. Hier gibt es starke Preisdifferenzen. Mit einer Zertifizierung schaffen Sie Glaubwürdigkeit und Transparenz. Sie erhalten eine objektive Beurteilung durch einen Dritten. Auf diese Weise steigern Sie auch Ihre positive Außenwirkung.

2.8 Zeit- und Projektmanagement

Planen Sie für Ihr QM-Projekt ausreichend Zeit ein, Sie werden sie brauchen. Die Erfahrung hat gezeigt, dass ein Zeitraum von einem Jahr realistisch ist. Wie schnell Sie am Ende sind, ist natürlich vom Vorwissen der Beteiligten, dem Engagement des QM-Teams, von der Kita-Leitung in ihrer Vorbildfunktion, der Unterstützung des Trägers und nicht zuletzt von Ihren Rahmenbedingungen abhängig.

Grundsätzlich sollte jedes Projekt durch eine verantwortliche Person geführt werden, sofern das Projekt nicht durch eine ein-

---

[7] Eine Liste geeigneter Zertifizierungsstellen finden Sie auf unserer Website www.qm-in-kitas.de.

zelne Person ausgeführt wird. Diese übernimmt die Verantwortung für die Koordination und Einhaltung der Umsetzung der Planung im vorgesehenen Zeitrahmen. Im Fall der Kita sollte es die Kita-Leitung sein, da die Einführung eines QMS ein sehr umfangreiches und verantwortungsvolles Projekt ist, das in leitende Hände gehört. Gleichzeitig ist es ratsam, aufgrund des hohen Arbeitsvolumens sowie der Anforderung ‚Betroffene zu Beteiligten' (vgl. Kapitel 3.4) zu machen und ein gutes Team für den Aufbau des QMS zusammenzustellen. Je nach Größe der Einrichtung und Kompetenzen der Teammitglieder ist es denkbar, alle Mitarbeiterinnen mit Aufgaben zu betrauen oder nur vereinzelte Personen.

Ziel sollte sein: Jede Projektbeteiligte sollte zu Beginn der Planung über ihre einzelnen Aufgaben, Verantwortlichkeiten und Zeitvorgaben genau Bescheid wissen und diesen auch zugestimmen. Das Projekt sollte als Team gelöst werden. D. h., alle machen mit, lösen ihre Einzelaufgaben, führen Ergebnisse zusammen und lösen Probleme bei Bedarf gemeinsam.

Um sicher zu stellen, dass alle erforderlichen Arbeitsschritte bei der Einführung des QMS berücksichtigt werden, hilft ein individueller Projektplan unter Berücksichtigung der wesentlichen Meilensteine inkl. Vorgabe der gesamten Projektlaufzeit und einzelner Zeitvorgaben. Je nach Bedarf können einzelne Arbeitsschritte auch vertieft werden. Damit Sie mehr Zeit für Ihr Projekt haben, finden Sie im Anhang einen Vorschlag für einen Projektplan. In diesem Muster beschränken wir uns auf die Meilensteine und die Darstellung der möglichen Zeitabfolge. Falls Sie nicht über eine spezielle Software für Projektmanagement verfügen, passen Sie doch den Muster-Projektplan einfach individuell an und nutzen Sie ihn wie eine Art Fahrplan oder Checkliste. Eine individuelle Anpassung bleibt – wie bei nahezu allen QM-Dokumenten – unerlässlich.

Meilensteine für ein QMS, das nach den Anforderungen der DIN EN ISO 9001 aufgebaut ist, sind z. B.
- Prüfung der vorhandenen Arbeitsmaterialien (Welche Formulare, Arbeitsanweisungen oder sogar Prozessbeschreibungen gibt es bereits in der Kita, die Eingang in das QMS finden sollen?)
- Festlegung der gewünschten Prozessbeschreibungen und soweit möglich ergänzender QM-Dokumente
- Erstellung einer Tabelle der gültigen QM-Dokumente, die im Verlauf des Projektes und darüber hinaus laufend gepflegt wird
- Festlegung von Prioritäten innerhalb der o. g. Tabelle (Welche Prozesse/Dokumente sollten zuerst bearbeitet werden? Gibt es welche, die zunächst nur in einem Ideenpool gesammelt werden?)
- Begehung der Kita und Darstellung des Ist-/Soll-Zustands sowie Berücksichtigung des Ergebnisses im Projektplan
- Festlegung von Qualitätszirkeln oder einzelnen Personen für die Überarbeitung oder Neuerstellung der QM-Dokumente
- Qualitätszirkel/Teambesprechungen für die Besprechung von Arbeitsergebnissen festlegen
- Planung von QM-Schulungen (Grundlagen QM, Vorstellen des eigenen QMS)
- Festlegung von QM-Zielen
- Erarbeitung von Kennzahlen
- Laufende und abschließende Überprüfung des QMS auf Norm-Konformität
- Erstellung des QM-Handbuchs
- ggf. Durchführung eines internen Audits
- ggf. Durchführung eines Qualitätsmanagementberichts (Management Review)

2.9 Exkurse: Plan-Do-Check-Act-Zyklus, Organigramm, Flussdiagramm

Einige Begriffe in diesem Buch sind bereits mehrfach aufgetaucht und sollten hier genauer spezifiziert werden, damit der Aufbau eines QMS einfacher und das Gesamtverständnis erleichtert wird. Erklärt werden daher die Begriffe Plan-Do-Check-Act-Zyklus (PDCA-Zyklus) und Organigramm, die Symbolik von und der Umgang mit Flussdiagrammen werden dargestellt.

2.9.1 PDCA-Zyklus

Der PDCA-Zyklus ist wesentliches Element der DIN EN ISO 9001. Dessen Berücksichtigung ermöglicht erst die erfolgreiche Umsetzung und Anwendung eines QMS. Wie die Grafik zeigt, besteht der PDCA-Zyklus aus insgesamt vier Phasen, eben: ‚plan, do, check, act'. Diese vier Phasen stellen auch den kontinuierlichen Verbesserungsprozess dar.

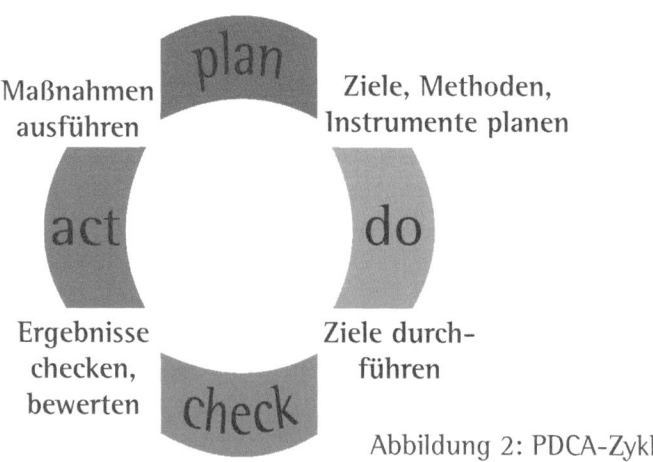

Abbildung 2: PDCA-Zyklus

Plan (Planen): Zum Planen gehört, dass sowohl Prozesse als auch Ziele festgelegt werden, die notwendig sind, um Kundenanforderungen umzusetzen (unter Berücksichtigung der Q-Politik).
Do (Durchführen): Durchführen bedeutet, die Prozesse werden umgesetzt.
Check (Checken/Bewerten): Bewerten meint hier, dass Prozesse überwacht und gemessen werden. Grundlage hierfür sind die Kundenanforderungen, die Q-Politik sowie die Ziele der Einrichtung.
Act (Ausführen): Der Bewertung folgt die Ausführung von Maßnahmen, die am Ende zur ständigen Verbesserung, zur Verbesserung der Prozesse und ihrer Ergebnisse, führen sollen.
Berücksichtigen Sie die vier Phasen in Ihrer Einrichtung, werden Sie feststellen, dass nicht nur das QMS und seine Dokumentation nach und nach optimiert werden, sondern auch ihre alltäglichen Arbeitsergebnisse.

2.9.2 Organigramm

Im Kapitel 2.2.2 wurde bereits dargestellt, was es mit einem Organigramm auf sich hat. Hier erfahren Sie nun, wie Sie einfach ein Organigramm erstellen können.
Wenn Sie über WORD 2010 verfügen, können Sie dies z. B. einfach über den Reiter Einfügen erreichen und dort unter dem Punkt Illustrationen – SmartArt eine passende Vorlage auswählen[8]. In älteren WORD-Versionen finden Sie den Menüpunkt Diagramme unter Einfügen > Grafiken. Auch dort können Sie ein Muster auswählen und individuell anpassen. Der Zugriff auf diese Vorlagen erleichtert die Gestaltung der Organigramme

---

[8] In WORD 2007 finden Sie dies in der Menüleiste unter Einfügen > SmartArts > Hierachie

sehr. Bei Bedarf greifen Sie auf unser Videotutorial auf unserer Website www.qm-in-kitas.de zurück.

2.9.3 Flussdiagramme

Flussdiagramme sind auch unter anderen Bezeichnungen wie Fließschema oder Flow Chart bekannt. Sie dienen der übersichtlichen Darstellung einzelner Prozesse. Im besten Fall machen Sie deutlich, welche Person für einen bestimmten, einzelnen Arbeitsschritt zuständig ist, welche Vorgaben dafür gelten und – sofern erforderlich – welche Dokumentation dabei erforderlich ist. Vorgaben können QM-Dokumente, Gesetzesvorgaben, Richtlinien, Leitlinien etc. sein.

Folgende Symbolik wird für die Darstellung von Abläufen empfohlen:

Anfang/Ende eines Prozesses

Durchführung einer Tätigkeit/eines Arbeitsschrittes

Treffen einer Entscheidung

Dokument in Papierform

Datenbank

Verbindungsstelle innerhalb des Prozesses

Verbindungsstelle auf eine andere Seite/von einer anderen Seite

⟶ Verbindungslinie

Abbildung 3: Symbole in Flussdiagrammen

Erstellen Sie sich zur vereinfachten Darstellung ein Raster für Ihre Fließdiagramme, das z. B. wie folgt aussehen kann:

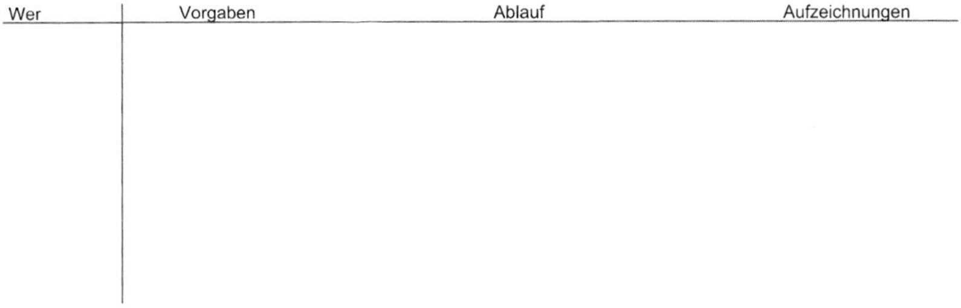

Wer	Vorgaben	Ablauf	Aufzeichnungen

Abbildung 4: Raster für Flussdiagramme

Eine einheitliche Vorgehensweise ist hier besonders wichtig, um die Anwenderinnen des QMS nicht unnötig zu verunsichern. Klare Vorgaben in klarer, standardisierter Form sind notwendig. Für die Erstellung von Fließdiagrammen eignet sich besonders das Programm Visio (Microsoft). Visio ist ein geeignetes Tool zum Erstellen von Flussdiagrammen. Vorteil ist die besonders einfache Erstellung und Anpassungsmöglichkeit der Fließdiagramme. Nachteil ist, dass der Umgang mit dem Programm auch erst erlernt werden muss und die Kosten mit ca. 260 € recht hoch sind. Die Vorstellung des Programms würde den Rahmen dieses Buches sprengen. In einem Videotutorial auf unserer Website zeigen wir allerdings, wie man mit Visio ein Flussdiagramm erstellt. Alternativ lassen sich Flussdiagramme auch in Word erstellen. Das ist jedoch zeitaufwändiger und unkomfortabel.

3 Praxisrelevante Darstellung von gängigen Kernprozessen in KITAS im Rahmen von QM

Wir standen 2008 vor der Aufgabe, in unserer Einrichtung im nördlichen Ruhrgebiet ein QMS einzuführen. Im Rahmen der Einführung stand die Herausforderung, ein QMH zu erstellen, welches schließlich vom Träger zertifiziert wurde. Es gilt seitdem als Arbeitsgrundlage und hat die Verbindlichkeit einer Dienstanweisung.

Das Kapitel beschreibt die für die eigene Praxis notwendigen Voraussetzungen zur Einführung eines QMS, Bestimmungen der Kernprozesse und die Ziele. Es stellt Chancen und Herausforderungen vom ersten bis zum letzten Schritt dar. Es beginnt mit der Analyse der aktuellen Situation vor Ort, der Motivation zur gemeinsamen QM-Projektarbeit sowie der Einbeziehung des Teams und mit dem Umgang mit Herausforderungen. Es folgen die Betrachtungen der Kernprozesse, welche später exemplarisch an drei konkreten Beispielen noch vertiefend vorgestellt werden. Der Umgang mit den erstellten Arbeitsdokumenten sowie die ganzheitlichen Konsequenzen runden den Prozess ab. Der zweite Teil besteht aus den Beschreibungen der drei Kernprozesse ‚Geplantes Elterngespräch‘, ‚Pädagogisches Planen und Handeln für ein Kind‘ und ‚Durchführung einer Dienstbesprechung in Form von standardisierten Prozessbeschreibungen.

3.1 Voraussetzungen zur Einführung eines QMS

Die Umwelt, in der eine Kindertagesstätte handeln und überleben will, ist in jüngster Zeit von einer erheblichen Dynamisierung und Komplexitätszunahme in den Bereichen Gesellschaft und Politik sowie vom Anspruchsverhalten der Eltern an eine KITA geprägt.
Um dieser Dynamisierung und den Ansprüchen aus Wissenschaft und Politik, von Trägern und Eltern gerecht zu werden, ist es für jede Kindertagesstätte notwendig, sich mit der eigenen vorherrschenden Qualitätspolitik der Einrichtung auseinander zu setzen. Dabei müssen sich die Einrichtungen auf den aktuellen Stand der gesetzlichen Verordnungen, den Rahmen und der Strukturbedingungen der KITA beziehen.
Dies könnte unter Berücksichtigung folgender Fragen geschehen:

- Sind bewährte Angebote aufgrund veränderter Bedarfslagen von Kindern und Eltern noch ausreichend oder vielleicht doch schon veraltet?
- Sollte die bislang eingespielte Kooperationsform zwischen Trägern, Eltern und pädagogischen Mitarbeiterinnen so bleiben wie sie ist oder könnte man sie noch verbessern?
- Reichen die vorherrschenden Strukturen aus, um die KITA für Kinder in allen Bildungsbereichen gut zu leiten?
- Besteht die Notwendigkeit, neue Strukturen, zum Beispiel in der pädagogischen Arbeit, zu schaffen?
- Kennen sich alle Mitarbeiterinnen in ihrem Arbeitsbereich gleich gut aus und bringen Sie sich ein?
- Ist die vorhandene Form des pädagogischen Handelns für alle Interessensgruppen (Eltern und Träger) transparent genug?

Vor Beginn der Erstellung des QMH haben wir uns als Einrichtung mit diesen Fragen auseinandergesetzt. Wir haben uns intensiv damit beschäftigt, wie wir die Qualität unserer Einrichtung sichern. Was könnte uns helfen, unsere Arbeit weiter zu entwickeln? Daraus resultierte die Entscheidung zur Erstellung des QMH.

3.2 Mögliche praxisrelevante Kernprozesse

Als Erstes bestand die gemeinsame Aufgabe darin, für das Team Ziele des Handbuchs festzulegen und sich auf relevante Kernprozesse zu verständigen.

Allgemeine Kernprozesse, die wohl in jeder KITA vorkommen, könnten zum Beispiel sein:
- Umgang mit Beschwerden
- Aufnahmeverfahren
- Zusammenarbeit mit dem Träger
- Planung von Projekten
- Geplantes Elterngespräch
- Pädagogisches Handeln
- Durchführung einer Dienstbesprechung

3.3 Ziele

In unserem QMH geht es um folgende Ziele: Mit dem QMH wollen wir unsere Arbeit nach innen und außen transparent machen. Alle Beteiligten sollen wissen, was wir tun und wie wir es tun. Somit soll das Handbuch auch eine vertrauensbildende Maßnahme gegenüber dem Träger, den Eltern (‚Kunden'; vgl. Kapitel 2.1.2) und Mitarbeiterinnen sein. Es soll unsere Kindertagesstätte übersichtlich und transparent darstellen.

Gleichzeitig soll es ‚Bedienungsanleitung' und Nachschlagewerk für alle pädagogischen Mitarbeiterinnen sein. Es soll alle wichtigen und verbindlichen Standards und Regeln beinhalten und Auskunft über die für unsere Kindertagesstätte wichtigen Aufgaben, Werte und Ziele geben. Mit dem QMH möchten wir eine weitere Grundlage schaffen, mit der wir unserem Anspruch, ständig besser zu werden, noch verlässlicher nachkommen können. Es soll die Basis bilden für eventuelle interne und externe Überprüfungen. Es stellt für uns das wichtigste Instrument der Qualitätssicherung dar.

3.4 Herausforderungen in der praktischen Umsetzung

Die Leitung sollte sich bereits im Thema QM bzw. QMS (vgl. Kapitel 2) auskennen. Ihr sollten Pro- und Gegenargumente bekannt sein. Der Mehraufwand für die Leitung und die Mitarbeiterinnen muss mit dem Träger geklärt sein, um spätere Konflikte zu reduzieren:
- Die zeitliche Struktur sollte im Vorfeld abgestimmt und die Mitarbeiterinnen zumindest über die Dauer informiert sein.
- Die Rahmenbedingungen müssen festgelegt sein. Das bedeutet, die notwendigen Materialien (Flipchart, Marker, Technik[1] etc.) müssen bereitgestellt sein. Es sollte für Getränke und kleine Snacks, z. B. Obst, gesorgt werden. Eine gute Belüftung unterstützt die Leistungsfähigkeit ebenso wie eine angepasste Beleuchtung.
- Den Mitarbeiterinnen sollte bereits im Einstieg durch die Leitung Wertschätzung entgegengebracht werden. Inhaltlich muss deutlich werden, dass ein System geschaffen werden soll, welches von allen getragen wird. Damit ist klar, wer nicht

---
[1] Weitere Tipps zur Vorbereitung von Veranstaltungen finden Sie im Kapitel 4.3.8.

mitmacht und nicht zufrieden ist, trägt selbst die Verantwortung dafür. In der Regel kennt man seine ‚Pappenheimer' unter den Mitarbeiterinnen. Daher sollten methodisch-didaktische Gedanken zum Einstieg ein Schwerpunkt der Vorbereitung sein, um zu verdeutlichen, welch eine Chance in der Umsetzung eines QMS für jeden liegt. Das Ziel ist dabei, eine Motivation des gesamten Teams zu erreichen. Z. B. kann eine durch Zufallsverteilung (Farb- oder Abzählspiele) hergestellte Sitzordnung verhindern, dass potenzielle ‚Störer' zusammensitzen.
- Diskussionen, in denen die gleichen fünf Argumente ständig wiederholt werden, sind nicht förderlich. Hier muss die Leitung durch gelingende Moderation den Arbeitsprozess im Fluss halten. Hilfreiche Literatur zum Thema Moderation finden sich in den Büchern von MARTIN HARTMANN et al. ‚Zielgerichtet Moderieren' und ‚Professionelle Gesprächsführung' von CHRISTIAN WEISBACH[2].
- Spannungen im Team sollten bis zu einer gewissen Grenze ausgehalten werden können. In der Krise kann auch eine Chance liegen, verschiedene Ansichten produktiv gemeinsam zu nutzen. Bei zu großen Spannungen oder wenn gar der Arbeitsprozess zum Erliegen zu kommen droht, ist z. B. eine parallellaufende Supervisionsbegleitung hilfreich.

Sind die Vorgaben erfüllt, steht einem sofortigen konzeptionellen Arbeiten und dem Einstieg ins Thema nichts mehr im Wege. Eine vom Thema ‚betroffene' außenstehende Person mag ein geeigneter Inputgeber sein. Genauso gut könnten ein oder zwei Best-Practise-Beispiele vorgestellt werden, um Ängste vor QM zu reduzieren und Chancen aufzeigen.

Die Hauptaufgabe bei der Erstellung des QMH ist die Betrachtung der Kernprozesse. Die Umsetzung wird an den drei in der

---

[2] Vgl. Hartmann, Rieger, Pajonk 1997 und Weisbach 1999.

Praxis häufig vorkommenden Beispielen ‚Geplantes Elterngespräch', ‚Pädagogisches Planen und Handeln für ein Kind' und ‚Durchführung einer Dienstbesprechung' im folgenden Kapitel 3.5 aufgezeigt.

Haben Sie sich als Projektteam zusammengefunden und Spielregeln für die Projektarbeit und die Dokumentenbearbeitung festgelegt, können die ersten Dokumente für das spätere QMH erstellt werden.

In der Bearbeitungsphase können Sie durch die Änderungsfunktion in WORD[3] leicht die Entwicklung des Dokumentes nachvollziehen. Ist die Bearbeitung abgeschlossen und das Dokument fertig für die Anwendung, sollte unverzüglich ein Schreibschutz eingerichtet werden.

> TIPP
> So richten Sie einen Schreibschutz in WORD ab Version 2007 ein: Gehen Sie in der Menüleiste auf den Reiter ‚Überprüfen'. Klicken Sie anschließend auf das rechte Bild ‚Dokument schützen'. Im nun erscheinenden Menü können Sie die Schutzbedingungen näher auswählen. Schließen Sie den Schutz mit einer Bestätigung auf den Button „Ja, Schutz jetzt anwenden". Ein Videotutorial dazu finden Sie auf unserer Website www.qm-in-kitas.de.

Wenn Sie wie in Kapitel 4.1.11 beschrieben die Dokumente als PDF-Datei speichern, können diese nicht so einfach verändert werden. Ein weiterer Vorteil besteht darin, dass die Dokumente auf allen Computern gleich aussehen. Das Werkzeug zum Betrachten von Dokumenten, der ADOBE READER, ist zudem kosten-

---

[3] Menüleiste > Überprüfen > Änderungen nachverfolgen (Sektion Nachverfolgung).

Abbildung 5: Erstellung eines Schreibschutzes für WORD-Dokumente

los und kann hier herunter geladen werden: http://www.adobe.com/go/getreader_de.

Papierfassungen sollten immer in zweifacher Ausfertigung vorhanden sein. So sollte das gesamte QMH ebenfalls doppelt vorhanden sein. Eine Ausfertigung dient dabei der täglichen Arbeit, welche nach Kernprozessen separat unterteilt ist. Das zweite dient als Nachschlagewerk bzw. als gesamte Arbeitsanleitung für neue Kolleginnen. Eine weitere Ausgabe könnte an einer sicheren zweiten Stelle, z. B. beim Träger, aufbewahrt werden. Sollte die Ausgabe digital gespeichert sein, sollten diese Medien ebenfalls schreibgeschützt und von Zeit zu Zeit überprüft werden.

Selbst Speichermedien wie CDs, DVDs, Festplatten, Karten, USB-Sticks etc. halten nicht unbegrenzt. Veränderungen oder Überarbeitungen von QM-Dokumenten sollten in jedem Fall sichtbar gemacht werden. Einen Praxistipp zur Kenntlichmachung von Änderungen sowie zum Zurückziehen und Archivieren von QM-Dokumenten haben Sie bereits im Kapitel 2.2.5.1 erhalten.

Alle Betroffenen müssen sich der Konsequenzen bei Einführung eines QMS bewusst sein. Es zeigt, dass die Einführung aufwändig, langwierig, aber lohnenswert ist. Konsequenzen könnten sein:

- Die Eckdaten (zeitlich, räumlich, finanziell) müssen besser geklärt sein.
- Das eigene Handeln wird bewertbar.
- Die Flexibilität wird eingeschränkt.
- Bei Verzögerungen/Behinderungen des Prozesses werden ggf. Dritte (z. B. Supervisor, Träger etc.) eingebunden.

- Alle erhalten mehr Verbindlichkeit.
- Im Gegenzug erhalten alle mehr Sicherheit im Handeln.
- Eine schnellere Einbindung von Vertretungen in den Arbeitsalltag durch Standardisierung wird möglich.
- Es bestehen Chancen zur Zeitersparnis und Arbeitserleichterung, z. B. durch Checklisten und immer gleiche Verfahren.
- Risikomanagement (‚Erkennen, beurteilen und handeln'[4]) wird vereinfacht.
- Professionelles Handeln wird selbst in unverhofften Krisensituationen möglich.

3.5 Betrachtung der exemplarischen drei Kernprozesse

Im Folgenden stellen wir drei Kernprozesse in Form von standardisierten Prozessbeschreibungen vor. Dabei haben wir uns für drei Prozesse entschieden, die in jeder KITA zum Alltag gehören. Es handelt sich um die Prozesse ‚Geplantes Elterngespräch', ‚Pädagogisches Planen und Handeln für ein Kind' und ‚Durchführung einer Dienstbesprechung'.

In ihrer Form beinhalten die Prozessbeschreibungen jeweils eine Sammlung der Begriffsdefinitionen, eine Präambel, den Zweck und die Ziele, Hinweise zur Strukturqualität, ein Flussdiagramm, Beschreibungen zur Prozess- und Ergebnisqualität, eine Verantwortungsmatrix, Prüffragen und begleitende Unterlagen.

Wir haben alle drei Prozessbeschreibungen sehr ausführlich gestaltet, damit sie möglichst verständlich sind und Sie sie zur Formulierung eigener Kernprozesse übernehmen können.

---

[4] Dox 2011, S. 17

Außerdem haben in der Praxis noch unerfahrene Mitarbeiterinnen auf diese Weise einen leichteren Zugang. Eine ‚kürzere' Prozessbeschreibung bieten wir zum Download auf unserer Website www.qm-in-kitas.de an.

3.5.1 Kernprozess ‚Geplantes Elterngespräch'

A Begriffe

Begriff	Erläuterung
Beobachtungsbögen	Bögen, auf denen die Daten und Informationen über die Entwicklung des Kindes, seine Vorlieben, Teilnahme an Projekten, seine Individualität usw. schriftlich festgehalten werden.
Entwicklungsbericht	Zum Ende der KITA-Zeit wird von jedem Kind eine Zusammenfassung seiner Entwicklung schriftlich erstellt und den Eltern des Kindes ausgehändigt.
Handakte	Diese wird für jedes Kind angelegt. In der Akte befinden sich: • Aufnahmevertrag mit Zusatzbogen • Beobachtungsbögen, Auswertungen und fachliche Handlungsschritte • Gesprächsprotokolle und Aufzeichnungen • Konkrete Materialien des Kindes (Bilder, Fotos, Geschichten usw.)
Partizipation	In der Pädagogik versteht man unter dem Begriff der Partizipation die Einbindung von Kindern und Eltern bei allen das Zusammenleben betreffenden Ereignissen und Entscheidungsprozessen.

Tabelle 3: Begriffsdefinitionen für Kernprozess ‚Geplantes Elterngespräch'

B Präambel

Wir wünschen und fördern die Mitarbeit der Eltern. Wir bieten Transparenz in der Kindergartenarbeit durch regelmäßige Informationen. Zufriedene Kinder, Eltern und Mitarbeiterinnen sind Ziel unserer Arbeit und ständigen Weiterentwicklung. Zentrale Bedeutung hat die Entwicklung der Kinder zu eigenverantwortlichen und gemeinschaftsfähigen Persönlichkeiten unter Berücksichtigung der individuellen und sozialen Situation des einzelnen Kindes. Wir orientieren unser Angebot an den

Bedürfnissen der Familien und bleiben in ständigem Dialog mit den Eltern, um eine professionelle Entwicklungsbegleitung der Kinder zu gewährleisten.

C Ziel/Zweck

Durch die Festlegung eines Verfahrens zur Durchführung von geplanten Elterngesprächen soll ein effektives und effizientes Gespräch gewährleistet werden, mit dem ergebnisorientiert eine wichtige Kernaufgabe (Beratung und Zusammenarbeit mit Eltern) der KITA erfüllt wird. Die Arbeit der KITA wird dadurch transparent, die Partizipation der Eltern gewährleistet. Sie erhalten Unterstützung bei der Erziehung und Bildung ihrer Kinder.

D Strukturqualität

Zur Strukturqualität für ein Elterngespräch zählen für uns:
- ein ruhiger Raum
- erwachsenengerechte Stühle
- ein erwachsenengerechter Tisch
- Getränke
- das Elterngesprächsprotokoll

Qualitätsmanagement in Kindertageseinrichtungen

E Flussdiagramm

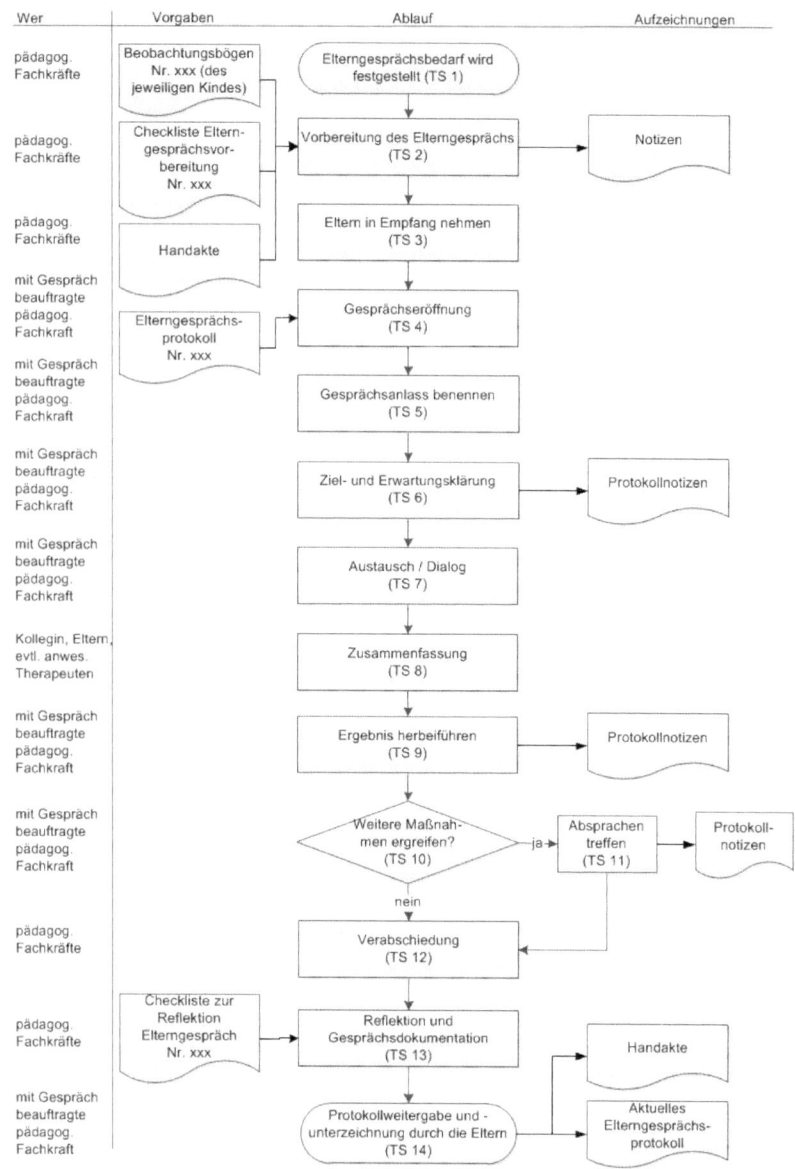

Kernprozesse in KITAS

F Beschreibung der Prozess- und Ergebnisqualität[5]

Nummer	Teilschritte	Prozessqualität	Ergebnisqualität
TS 1	Gesprächsbedarf feststellen	Jede pädagogische Fachkraft sowie auch die Erziehungsberechtigten können zu jeder Zeit durch die Beobachtung der Kinder, einen Gesprächsbedarf feststellen. Darüber hinaus bieten die jeweiligen pädagogischen Fachkräfte einmal jährlich den Eltern ein ‚Entwicklungsgespräch' an, welche in Form der Elternsprechtage stattfinden. Beim letzten dieser Gespräche, kurz vor der Einschulung, wird den Eltern auch die Bildungsdokumentation ausgehändigt.	Der Gesprächsbedarf ist festgestellt. Die Termine für die Entwicklungsgespräche sind anhand der Checkliste grob festgelegt.
TS 2	Vorbereitung des Elterngesprächs	Unter Einbeziehung der Beobachtungsbögen und Notizen in der Handakte bereiten die am Gespräch beteiligten pädagogischen Fachkräfte zeitnah an den festgestellten Bedarf das Elterngespräch vor. Dies wird schriftlich festgehalten und nach eigener Entscheidung bei der Teamsitzung bekannt gegeben. Die pädagogischen Fachkräfte der Gruppe einigen sich auf einen Gesprächsführer. Dieser vereinbart mit den Eltern den Gesprächstermin.	Das Gespräch ist inhaltlich und zeitlich strukturiert und als Notiz festgehalten. Der Termin ist mit den Eltern abgesprochen. Der Gesprächsführer steht fest.
TS 3	Eltern in Empfang nehmen	Zum vereinbarten Termin begrüßen die am Gespräch beteiligten pädagogischen Fachkräfte die Eltern. Im vorbereiteten Raum ist für eine angenehme Atmosphäre gesorgt, es stehen Getränke und Kekse bereit. Störungen, wie Besucher und Telefonate, sind ausgeschlossen.	Die äußeren Rahmenbedingungen für das Gespräch sind getroffen.

---

[5] TS bedeutet Teilschritt.

Qualitätsmanagement in Kindertageseinrichtungen

Nummer	Teilschritte	Prozessqualität	Ergebnisqualität
TS 4	Gesprächseröffnung	Nach einem kurzen ‚Ankommen' der Eltern und der Bewirtung mit Getränken eröffnet die mit der Gesprächsführung beauftragte pädagogische Fachkraft das Gespräch.	Den Erziehungsberechtigten wird Gelegenheit gegeben, sich in Ruhe auf das Gespräch einzulassen. Die Führung des Gesprächs bleibt in der Hand der pädagogischen Fachkraft.
TS 5	Gesprächsanlass benennen	Die mit der Gesprächsführung beauftragte pädagogische Fachkraft benennt den Anlass des Gespräches in einer beschreibenden und nichtwertenden Form als Ich-Botschaft. Sollten Dritte zu diesem Gespräch gebeten worden sein, begründet sie deren Anwesenheit.	Der Gesprächsanlass wird nochmals verdeutlicht, weitere Gesprächspartner sind in ihrer Funktion bekannt. Ich-Botschaften drücken eine wertschätzende Haltung den Eltern gegenüber aus.
TS 6	Ziel- und Erwartungsklärung	Die mit der Gesprächsführung beauftragte pädagogische Fachkraft legt im Dialog mit den Eltern und anderen beteiligten Personen konkrete Ziele, die erreicht werden sollen, fest. Ebenso wird die Zeit festgelegt, die für dieses Gespräch vereinbart worden ist. Diese Ergebnisse werden von ihr schriftlich in einer formlosen Protokollnotiz festgehalten.	Durch das Formulieren der Ziele ist klar definiert, was mit dem Gespräch erreicht werden soll. Eine abschließende Reflexion wird erst so ermöglicht. Das Zeitlimit ist abgesteckt.

Kernprozesse in KITAS

Nummer	Teilschritte	Prozessqualität	Ergebnisqualität
TS 7	Austausch / Dialog	Alle am Gespräch beteiligten Personen treten nun in einen Austausch über den benannten Gesprächsanlass. Dabei achtet die mit der Gesprächsführung beauftragte Mitarbeiterin darauf, dass alle Beteiligten sich gleichberechtigt äußern können.	Alle am Gespräch beteiligten Personen haben die Möglichkeit, sich in Ruhe auszutauschen.
TS 8	Zusammenfassung	Die mit der Gesprächsleitung beauftragte Mitarbeiterin gibt nach dem zuvor abgesteckten Zeitlimit eine Zusammenfassung des Gespräches.	Die im Dialog erörterten Aussagen und Informationen sind kurz zusammengefasst. Dabei können Unklarheiten noch von allen Beteiligten berichtigt werden. Die Zeitstruktur wurde eingehalten.
TS 9	Ergebnis herbeiführen	Die mit der Gesprächsführung beauftragte Mitarbeiterin überprüft, ob das Ergebnis mit der zu Beginn festgelegten Zielsetzung übereinstimmt und ob alle Beteiligten zu einem Konsens finden konnten.	Das Ergebnis des Gesprächs stimmt mit den Zielsetzungen überein oder nicht.
TS 10	Weitere Maßnahmen ergreifen?	Die mit der Gesprächsführung beauftragte Mitarbeiterin klärt gemeinsam mit den Beteiligten, ob weitere Maßnahmen zur Erreichung des festgelegten Zieles ergriffen werden müssen.	Es steht fest, ob weitere Maßnahmen ergriffen werden müssen, oder ob das Gespräch mit einem für alle Beteiligten akzeptablen Ergebnis abgeschlossen werden konnte.
TS 11	Absprachen treffen	Die mit der Gesprächsleitung beauftragte Mitarbeiterin trifft genaue Absprachen mit den Eltern über die weitere Vorgehensweise. Diese Absprachen werden von ihr im Elterngesprächsprotokoll festgehalten.	Detaillierte Absprachen sind mit allen Beteiligten getroffen und im Elterngesprächsprotokoll fixiert.

Qualitätsmanagement in Kindertageseinrichtungen

Nummer	Teilschritte	Prozessqualität	Ergebnisqualität
TS 12	Verabschiedung	Die mit der Gesprächsführung beauftragte Mitarbeiterin dankt allen am Gespräch Beteiligten für ihre Mitarbeit und verabschiedet sie mit einigen freundlichen Worten.	Das Gespräch nimmt einen harmonischen Abschluss. Die weitere gute Zusammenarbeit zwischen Eltern und Einrichtung wird so gefördert.
TS 13	Reflexion und Gesprächsdokumentation	Die am Gespräch beteiligten pädagogischen Fachkräfte reflektieren an Hand der formlosen Gesprächsnotizen und der Checkliste zur Reflexion das Gespräch. Anschließend schreiben sie das abschließende Elterngesprächsprotokoll. Dieses Protokoll wird gegebenenfalls von den pädagogischen Fachkräften mit in die Besprechungen am pädagogischen Tisch eingebracht.	Das Gespräch wurde noch einmal reflektiert und im Protokoll festgehalten.
TS 14	Protokollunterzeichnung oder -weitergabe	Die mit der Gesprächsführung beauftragte pädagogische Fachkraft lässt am darauf folgenden Arbeitstag das Elterngesprächsprotokoll von den Eltern gegenzeichnen und gibt eine Kopie auf Wunsch an diese weiter. Das Original wird von ihr in die Handakte abgeheftet.	Das Protokoll gilt als von den Eltern genehmigt. Auf Wunsch haben diese ein Exemplar ausgehändigt bekommen. Das Original wurde zur Handakte geheftet.

Tabelle 4: Kernprozess ‚Elterngespräch'
– Prozess- und Ergebnisqualität

Kernprozesse in KITAS

G Verantwortungsmatrix

Nr.	Prozessschritt	Verantwortung	Beratung / Mitwirkung	Info an...
1.	Gesprächsbedarf feststellen	Jede pädagogische Fachkraft (PF)	Team	
2.	Vorbereitung des Elterngesprächs	Mit der Gesprächsführung beauftragte PF	Team, eventuell Therapeuten	Eltern
3.	Eltern in Empfang nehmen	Jede PF		
4.	Gesprächseröffnung	Mit der Gesprächsführung beauftragte PF		
5.	Gesprächsanlass benennen	Mit der Gesprächsführung beauftragte PF	Kollegin, Eltern, eventuell anwesende Therapeuten	
6.	Ziel- und Erwartungsklärung	Mit der Gesprächsführung beauftragte PF	Kollegin, Eltern, eventuell anwesende Therapeuten	
7.	Austausch / Dialog	Mit der Gesprächsführung beauftragte PF	Kollegin, Eltern, eventuell anwesende Therapeuten	
8.	Zusammen-fassung	Kollegin, Eltern, eventuell anwesende Therapeuten	Kollegin, Eltern, eventuell anwesende Therapeuten	
9.	Ergebnis herbeiführen	Mit der Gesprächsführung beauftragte PF	Kollegin, Eltern, eventuell anwesende Therapeuten	
10.	Weitere Maßnahmen ergreifen?	Mit der Gesprächsführung beauftragte PF	Kollegin, Eltern, eventuell anwesende Therapeuten	
11.	Absprachen treffen	Mit der Gesprächsführung beauftragte PF	Kollegin, Eltern, eventuell anwesende Therapeuten	
12.	Verabschiedung	Jede PF	Kollegin, Eltern, eventuell anwesende Therapeuten	
13.	Reflexion und Gesprächsdokumentation	Jede PF		Team
14.	Protokollunterzeichnung oder -weitergabe.	Mit der Gesprächsführung beauftragte PF	Eltern	

Tabelle 5: Kernprozess ‚Elterngespräch' - Verantwortungsmatrix

H Prüffragen
Die folgenden Prüffragen werden gestellt:
Werden allen Eltern einmal jährliche Entwicklungsgespräche angeboten?
Die QMB überprüft an Hand der Unterlagen in den Handakten jeweils zum Ende eines KITA-Jahres, ob das jährliche Entwicklungsgespräch geführt wurde.
Wie viel Prozent der Gespräche sind zum Ende des KITA-Jahres geführt?
Die QMB verfolgt für jedes Kind, zu welchem Zeitpunkt die Entwicklungsgespräche erfolgt waren. Wenn in mehr als 20 % aller Kinder die Gespräche noch nicht erfolgt waren, werden im Team notwendige Veränderungen diskutiert. Die QMB bringt dazu ggf. dieses Thema am Ende des KITA-Jahres in die Teambesprechung ein.
Erfolgt eine (anonyme) Kundenbefragung über die Zufriedenheit der angebotenen Elterngespräche?
Regelmäßig zu Beginn eines neuen Kalenderjahres werden die Eltern mit Hilfe eines Fragebogens danach befragt, wie sie mit dem Gesprächsangebot in unserer Einrichtung zufrieden sind oder welche Änderungswünsche sie haben. Das Ergebnis der Befragung wird von der QMB nach Auswertung im Team, sowie im Rat der Tageseinrichtung, vorgestellt. Veränderungen werden ggf. dort beschlossen und anschließend umgesetzt.

I Begleitende Unterlagen
Die folgenden begleitenden Unterlagen werden benötigt:
- Beobachtungsbögen (Nr. xxx[6])
- Checkliste zur Gesprächsvorbreitung (Nr. xxx)
- Elterngesprächsprotokoll (Nr. xxx)
- Checkliste zur Reflexion Elterngespräch (Nr. xxx)
- Protokollnotizen/Gesprächsnotizen (formlos)

---
[6] Hier muss eine eigene Kodierung (Zahlen, Buchstaben) gewählt werden.

3.5.2 Kernprozess ‚Pädagogisches Planen und Handeln für ein Kind'

A Begriffe

Begriff	Erläuterung
Beobachtungsleitfaden	Ist eine Checkliste, die darüber Auskunft gibt, was beobachtet werden soll, wie beobachtet werden soll und wie die Beobachtungen dokumentiert werden sollen.
Bildungsbereiche	Die Bildungsvereinbarung legt folgende vier Bildungsbereiche zugrunde: • Bewegung • Spielen und Gestalten, Medien • Sprache(n) • Natur und kulturelle Umwelt(en)
Bildungsdokumentation	Auftrag der Dokumentation ist es, die Entwicklung des Kindes, seine Stärken, Interessen, Fähigkeiten und Neigungen während der gesamten Zeit, vom ersten KITA-Tag an festzuhalten. Sie beinhaltet z.B.: • Übergang von der Familie in die Tageseinrichtung. • Regelmäßige Beobachtungen, Auswertungen und fachliche Handlungsschritte • Bilder, Fotos, Zitate, Geschichten von und über das Kind • Gesprächsprotokolle und Aufzeichnungen mit den Erziehungsberechtigten oder anderen Institutionen
Bildungsvereinbarung	Die am 01.08.2003 in Kraft getretene Bildungsvereinbarung verfolgt das Ziel, vor allem die Förderung in Tageseinrichtungen für Kinder vom dritten Lebensjahr bis zur Einschulung zu stärken und weiter zu entwickeln.
Feinziele	Konkrete Angaben über das Ziel, das erreicht werden soll. Das Erreichen der Feinziele muss am Projektende messbar sein.
Pädagogisches Handeln	Erzieherisches Handeln bezieht sich auf die Arbeit mit den Kindern und orientiert sich an Werten und Normen, die für das Hineinwachsen in diese Gesellschaft von Bedeutung sind.

Tabelle 6: Kernprozess ‚Pädagogisches Handeln' – Begriffe

B Präambel

Als katholischer Träger wollen wir in enger Zusammenarbeit mit den Erzieherinnen und Erziehern alle Erziehungs- und Bildungsfragen auf der Grundlage unseres katholischen Glaubens vermitteln. Unsere Einrichtungen sind so gestaltet, dass sich die Kinder geborgen fühlen können, dass die Kreativität und Fantasie der Kinder geweckt und gefördert werden und dass die Kinder in ihrer jeweiligen Individualität respektiert werden. In unserer pädagogischen Arbeit orientieren wir uns an den individuellen Voraussetzungen und Bedürfnissen der Kinder. Zentrale Bedeutung hat die Entwicklung der Kinder zu eigenverantwortlichen und gemeinschaftsfähigen Persönlichkeiten unter Berücksichtigung der individuellen und sozialen Situation des einzelnen Kindes. Wir orientieren unser Angebot an den Bedürfnissen der Familien und bleiben in ständigem Dialog mit den Eltern, um eine professionelle Entwicklungsbegleitung der Kinder zu ermöglichen.

C Ziel/Zweck
Die Planung unserer Arbeit ist eine entscheidende Voraussetzung für die Sicherung pädagogischer Qualität. Planung und gezieltes Handeln ist ein Mittel zur Strukturierung der Arbeit. Dieser Kernprozess ist wichtig um:
- durch die Beobachtungen die Entwicklungsschritte der Kinder wahrzunehmen und sie angemessen zu fördern
- die Vorhaben in einen zeitlichen Rahmen zu setzen
- Absprachen treffen zu können
- eine optimale Nutzung von materiellen, personellen und zeitlichen Ressourcen zu gewährleisten.

D Strukturqualität
Zur Strukturqualität für das pädagogische Handeln zählen für uns:
- gut ausgestattete Funktionsräume mit diversen Materialien
- Nachschlagewerke für Projekte
- Fachliteratur
- Computer mit Internetzugang

Kernprozesse in KITAS

E Flussdiagramm

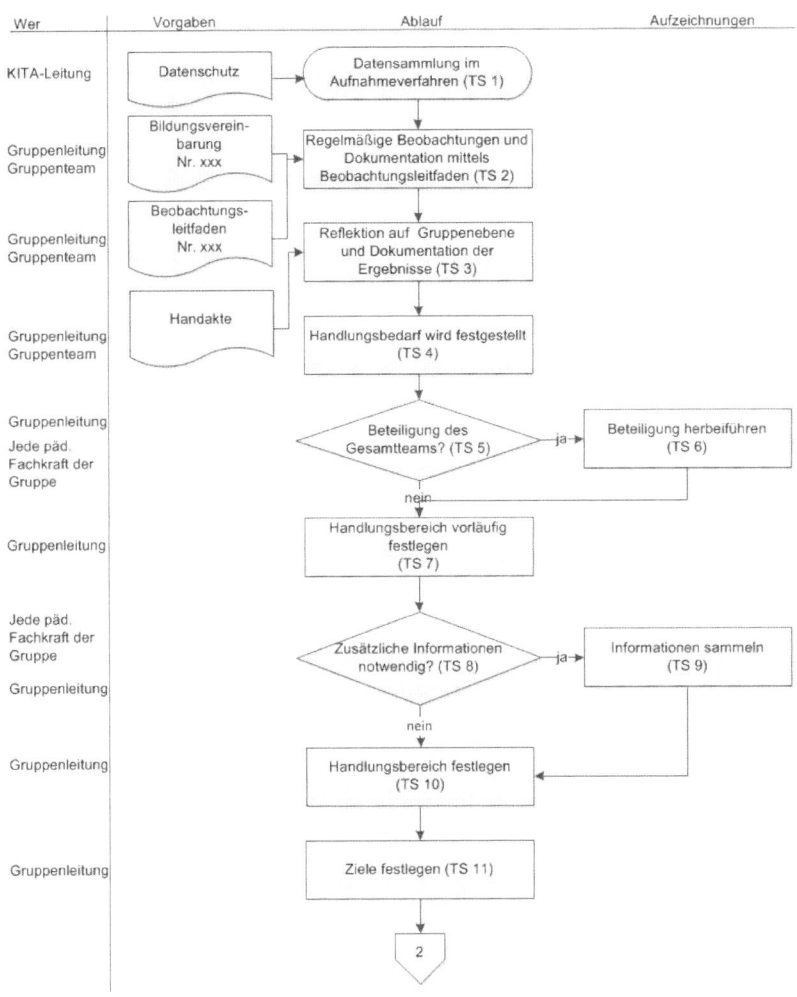

Abbildung 7: Kernprozess ‚Pädagogisches Handeln'
– Flussdiagramm Teil 1

Qualitätsmanagement in Kindertageseinrichtungen

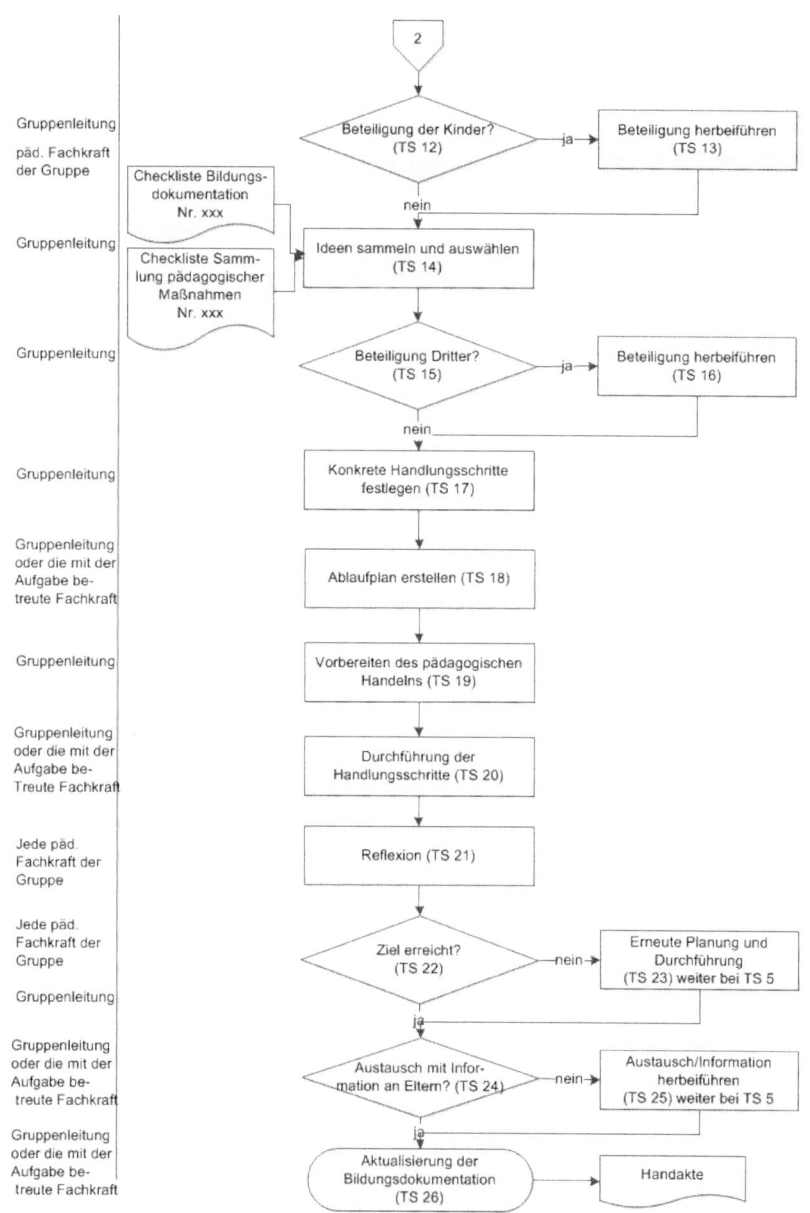

Abbildung 8: Kernprozess ‚Pädagogisches Handeln'
– Flussdiagramm Teil 2

Kernprozesse in KITAS

F Beschreibung der Prozess- und Ergebnisqualität[7]

Nummer	Teilschritte	Prozessqualität	Ergebnisqualität
TS 1[7]	Datensammlung im Aufnahmeverfahren	Im Aufnahmeverfahren nimmt die Leiterin alle abgefragten Daten und Berichte eines Kindes von den Erziehungsberechtigten entgegen.	Alle Anfangsdaten eines Kindes sind gesammelt.
TS 2	Regelmäßige Beobachtungen und Dokumentation mittels Beobachtungsleitfaden	Die PFe jeder Gruppe beobachten regelmäßig an Hand des Beobachtungsleitfadens und halten die Beobachtungen schriftlich in der Handakte fest. Jährlich erstellen die PFe die Bildungsdokumentationen.	Ein kontinuierlich dokumentierter Entwicklungsverlauf und Bildungsstand des Kindes liegt vor.
TS 3	Reflektion auf Gruppenebene und Dokumentation der Ergebnisse	In Gruppenteamsitzungen tauschen sich alle PFe jeder Gruppe in der Regel wöchentlich über ihre gemachten Beobachtungen aus und dokumentieren diese.	Die Beobachtungsergebnisse sind reflektiert und in der Handakte dokumentiert.
TS 4	Handlungsbedarf wird festgestellt	Alle PFe jeder Gruppe legen gemeinsam nach der Auswertung der Beobachtung und Dokumentation bzgl. eines Kindes einen Handlungsschwerpunkt für dieses Kind fest. Unabhängig davon kann die Leiterin anhand ihrer eigenen Beobachtungen jederzeit einen Handlungsschwerpunkt für ein einzelnes Kind festlegen. Der Handlungsschwerpunkt wird jeweils in der Handakte dokumentiert.	Der Handlungsschwerpunkt steht fest und ist dokumentiert.

[7] TS bedeutet Teilschritt.

Qualitätsmanagement in Kindertageseinrichtungen

Nummer	Teilschritte	Prozessqualität	Ergebnisqualität
TS 5	Beteiligung des Gesamtteams?	Alle PFe jeder Gruppe überlegen unmittelbar anschließend, ob zusätzliche Informationen notwendig sind.	Entscheidung über weiteren Informationsbedarf ist getroffen.
			Bei einer Entscheidung für weiteren Informationsbedarf weiter bei TS 6. Bei Entscheidung gegen einen weiteren Informationsbedarf weiter bei TS 7.
TS 6	Beteiligung herbeiführen	Die Gruppenleiterin zieht nach vorherigem Einverständnis der Leiterin Team, ggf. Erziehungsberechtigte, hinzu, oder nimmt nach Einverständniserklärung der Erziehungsberechtigten möglichst zeitnah Kontakt zu externen Fachkräften/ Dienste auf.	Der Kontakt zu Dritten ist hergestellt.
TS 7	Handlungsbereich vorläufig festlegen	Die PFe der Gruppe legen einen Handlungsbereich vorläufig fest.	Der Handlungsbereich ist festgelegt.
TS 8	Zusätzliche Informationen notwendig?	Alle PFe der Gruppe überlegen unmittelbar anschließend, ob zusätzliche Informationen notwendig sind.	Entscheidung über weiteren Informationsbedarf ist getroffen. Bei einer Entscheidung für einen weiteren Informationsbedarf weiter bei TS 9. Bei Entscheidung gegen einen weiteren Informationsbedarf weiter bei TS 10.
TS 9	Informationen sammeln	In Absprache mit der Gruppenleitung sammeln die pädagogischen Fachkräfte der Gruppe zeitnah zusätzliche Informationen.	Zusätzliche Informationen liegen vor.

Kernprozesse in KITAS

Nummer	Teilschritte	Prozessqualität	Ergebnisqualität
TS 10	Handlungsbereich festlegen	Die PFe der Gruppe legen die Handlungsbereiche fest und dokumentieren diese in der Handakte vom Kind.	Handlungsbereiche sind definiert und festgelegt.
TS 11	Ziele festlegen	Die PFe der Gruppe legen danach die Feinziele in den Entwicklungsbereichen des Kindes fest.	Die Feinziele für das Kind sind festgelegt und werden in der Dokumentation schriftlich festgehalten.
TS 12	Beteiligung der Kinder?	Die pädagogischen Fachkräfte entscheiden, ob die Kinder beteiligt werden sollen.	Es ist eine Entscheidung getroffen über die Beteiligung der Kinder. Bei einer Entscheidung für die Beteiligung der Kinder darf weiter bei TS 13. Bei Entscheidung gegen eine Beteiligung der Kinder weiter bei TS 14.
TS 13	Beteiligung herbeiführen	Die pädagogischen Fachkräfte beteiligen die Kinder an der Planung der pädagogischen Angebote, indem sie Ideen der Kinder sammeln.	Die Kinder sind mit an der Planung beteiligt.
TS 14	Ideen sammeln und auswählen	Anhand der im Anhang befindlichen Checkliste zur Ideensammlung, werden durch die pädagogische Fachkraft, gegebenenfalls durch das Team oder zu beteiligender Dritter (hier sind selbstverständlich auch die Kinder mit einzubeziehen), pädagogische Maßnahmen gesichtet und ausgewählt.	Es liegt eine schriftliche Ideensammlung vor.

Qualitätsmanagement in Kindertageseinrichtungen

Nummer	Teilschritte	Prozessqualität	Ergebnisqualität
TS 15/ TS 16	Beteiligung Dritter/ Beteiligung herbeiführen	Die PF oder ggf. das Team klärt die Fragen, wer, wann, wo an der Maßnahme zu beteiligen ist. Die Beteiligung Dritter ist zu überlegen, wenn die PF bzw. das Team zu der Auffassung gelangt, dass die eigene Fachkompetenz unzureichend ist, um den Handlungsbedarf zu befriedigen. Dritte können kompetente Eltern, externe Fachkräfte oder -dienste sein. Sollte eine Entscheidung zur Beteiligung externer Fachkräfte getroffen werden, sind die Eltern unmittelbar darüber zu informieren und um Einverständnis zu bitten.	Entscheidung über Beteiligung Dritter ist getroffen. Bei einer Entscheidung für Beteiligung Dritter weiter bei TS 16. Bei Entscheidung gegen einen weiteren Informationsbedarf weiter bei TS 17
TS 17	konkrete Handlungsschritte festlegen	Die pädagogischen Fachkräfte legen an Hand der Ideensammlung ggf. an Hand der Informationen Dritter genaue Handlungsschritte fest.	Handlungsschritte sind festgelegt und werden schriftlich festgehalten.
TS 18	Ablaufplan erstellen	Die PF erstellt gegebenenfalls gemeinsam mit dem Team und zu beteiligten Dritten einen Plan, was bis wann und von wem zu erledigen ist. Dabei sollen nicht alle Schritte bis ins kleinste Detail vorweg geplant werden, nur dort wo frühzeitige Planung unerlässlich ist (Besuche, Verabredungen etc.). Dieser Ablaufplan ist mit einem zeitlichen Ende versehen und in grobe Meilensteine eingeteilt. In den nachfolgenden Dienstbesprechungen wird der jeweilige Ist-Stand überprüft.	Durch den erstellten Ablaufplan erreichen wir, dass im Alltag der rote Faden und das Ziel nicht aus den Augen verloren werden. Die Planung wird in einem überschaubaren zeitlichen Rahmen in Kraft und kann nicht auf ‚irgendwann' angesetzt werden.

Kernprozesse in KITAS

Nummer	Teilschritte	Prozessqualität	Ergebnisqualität
TS 19	Vorbereiten des pädagogischen Handelns	Die PFe treffen notwendige Vorbereitungen zur Umsetzung von den im Ablaufplan getroffenen pädagogischen ‚Maßnahmen'. Es werden ggf. Absprachen zu Raum und Zeitauswahl ec. im Gesamtteam getroffen.	Vorbereitungen sind getroffen.
TS 20	Durchführung der Handlungsschritte	Die PFe der Gruppe führen die festgelegten Handlungsschritte in der Form, wie es im Ablaufplan festgelegt ist, durch.	Handlungsschritte sind durchgeführt.
TS 21	Reflexion	Nach Abschluss der im Ablaufplan festgelegten Handlungsschritte reflektiert das Gesamtteam der Gruppe, ob die Ziele für das Kind in dem Entwicklungsbereich erreicht sind.	Es steht eine Analyse mit einem Ergebnis zu dem Verlauf des pädagogischen Handelns fest.
TS 22/ TS 23	Ziel erreicht?	Die PFe treffen eine Entscheidung mit Hilfe der im Handlungsplan und Reflexionsunterlagen, ob das Ziel erreicht ist.	Die Entscheidung ist getroffen. Bei der Entscheidung ‚das Ziel wurde nicht erreicht' geht es weiter bei TS 5. Eine erneute Planung und Durchführung ist notwendig. Bei der Entscheidung ‚Ziel wurde erreicht', weiter bei TS 24.
TS 24	Austausch mit/Informationen an Eltern?	Die PFe treffen die Entscheidung, ob ein Austausch über die Ergebnisse mit den Eltern stattfinden muss.	Eine Entscheidung wurde getroffen! Bei der Entscheidung ‚ein Austausch soll stattfinden' weiter bei TS 25. Bei Entscheidung ‚es soll keinen Austausch geben' weiter bei TS 26.

Nummer	Teilschritte	Prozessqualität	Ergebnisqualität
TS 25	Austausch/Informationen herbeiführen	Die Gruppenleitung lädt die Eltern des Kindes zum Austausch über die das Ergebnis und die weitere Vorgehensweise in der pädagogischen Planung ein.	Ein Termin für den Austausch wurde mit den Eltern abgesprochen. Ein Austausch hat stattgefunden.
TS 26	Aktualisierung der Bildungsdokumentation	Die Gruppenleitung hält in der Bildungsdokumentation vom Kind die Berichte, Ergebnisse und Analysen der Handlungsbereiche schriftlich fest.	Bildungsdokumentation ist aktualisiert und somit eine Grundlage für die weitere pädagogische Planung ermöglicht.

Tabelle 7: Kernprozess „Pädagogisches Handeln"
- Prozess- und Ergebnisqualität

G Verantwortungsmatrix

Nr.	Prozessschritt	Verantwortung	Beratung / Mitwirkung	Info an...
1.	Datensammlung im Aufnahmeverfahren	Leitung		Gruppenleitung
2.	Regelmäßige Beobachtungen und Dokumentation mittels Beobachtungsleitfaden	Gruppenleitung Gruppenteam	Gesamtgruppenteam	Gesamtteam
3.	Reflektion auf Gruppenebene und Dokumentation der Ergebnisse	Gruppenleitung Gruppenteam	ggf. Gesamtteam	Gesamt- gruppenteam
4.	Handlungsbedarf wird festgestellt	Gruppenleitung und Gruppenteam		
5.	Beteiligung des Gesamtteams?	Gruppenleitung	Gesamtteam	Gesamtteam
6.	Beteiligung herbeiführen	Gruppenleitung	Externe Fachkräfte	Eltern
7.	Handlungsbereich vorläufig festlegen	Gruppenleitung	alle PFe der Gruppe	

Kernprozesse in KITAS

Nr.	Prozessschritt	Verantwortung	Beratung / Mitwirkung	Info an...	
8.	Zusätzliche Informationen notwendig?	PFe der Gruppe	alle PFe der Gruppe		
9.	Informationen sammeln	Jede PFe der Gruppe	alle PFe der Gruppe		
10.	Handlungsbereich festlegen	Gruppenleitung	Gesamtgruppenteam		
11.	Ziele festlegen	Gruppenleitung	Gesamtgruppenteam		
12.	Beteiligung der Kinder?	Gruppenleitung	alle PFe der Gruppe		
13.	Beteiligung herbeiführen	Pädagogische Fachkräfte der Gruppe		Kinder	
14.	Ideen sammeln und auswählen	Gruppenleitung	PFe der Gruppe		
15./16.	Beteiligung Dritter/ Beteiligung Herbeiführen	Gruppenleitung	die mit der Kontaktaufnahme betreuten PF	Eltern / externe Fachkräfte	
17.	konkrete Handlungsschritte festlegen	Gruppenleitung	alle PFe der Gruppe		
18.	Ablaufplan erstellen	Gruppenleitung oder die mit der Aufgabe betreuten PF	alle PFe der Gruppe	Gesamtteam	
19.	Vorbereiten des pädagogischen Handelns	Gruppenleitung	alle PFe der Gruppe ggf. Gesamtteam der Einrichtung		
20.	Durchführung der Handlungsschritte	Gruppenleitung oder die mit der Aufgabe betreuten PF	alle PFe		
21.	Reflexion	Jede PF der Gruppe	alle PFe der Gruppe ggf. Gesamtteam der Einrichtung		
22./23.	Ziel erreicht?	Jede PF der Gruppe	alle PFe der Gruppe ggf. Gesamtteam der Einrichtung		
24.	Austausch mit/Informationen an Eltern?	Gruppenleitung	Eltern		

Nr.	Prozessschritt	Verantwortung	Beratung / Mitwirkung	Info an...
25.	Austausch/Informationen herbeiführen	Gruppenleitung oder die in der Teamsitzung damit beauftragte PF		Eltern
26.	Aktualisierung der Bildungsdokumentation	Gruppenleitung oder mit der Aufgabe betreuten PF		

Tabelle 8: Kernprozess ‚Pädagogisches Handeln' – Verantwortungsmatrix

H Prüffragen

Ist das in unserer Einrichtung geltende Beobachtungsmanagement noch aktuell?

Einmal im Jahr überprüft die QMB die Aktualität und die Vollständigkeit des Beobachtungsverfahrens und der damit einhergehenden zeitlichen Strukturierung und nimmt ggf. Veränderungen vor. Das Ergebnis der Überprüfung wird auf einer folgenden Teamsitzung vorgestellt und verabschiedet.

Sind die datenschutzrechtlichen Bestimmungen allen Beteiligten bekannt?

Die QMB überprüft einmal im Jahr durch Nachfrage, ob die datenschutzrechtlichen Bestimmungen bei den Beteiligten bekannt sind und gibt anderenfalls die nötigen Informationen weiter.

Halten sich alle Mitarbeiterinnen an das in unserer Einrichtung geltende Beobachtungsmanagement?

Die QMB überprüft halbjährig die Handakten der Kinder auf die Fortschreibung der Bildungsdokumentation. Das Ergebnis der Überprüfung wird auf einer der folgenden Teamsitzungen bekannt gegeben. Neue Mitarbeiterinnen werden dahingehend geschult, oder es wird ihnen die Möglichkeit gegeben, an einer Fortbildung teilzunehmen.

Welche Fort- und Weiterbildungsmaßnahmen haben die Mitarbeiterinnen im letzten Kalenderjahr besucht?
Die QMB achtet darauf, dass möglichst viele Mitarbeiterinnen Fortbildungsmaßnahmen zu den verschiedenen Bildungsbereichen besuchen können. Nach Möglichkeit werden interne Fortbildungen im Hause angeboten, an denen alle Mitarbeiterinnen teilnehmen müssen.

Erfolgt eine (anonyme) Kundenbefragung über die Zufriedenheit mit der pädagogischen Arbeit in unserer Einrichtung?
Regelmäßig zu Beginn eines neuen Kalenderjahres werden die Eltern mit Hilfe eines Fragebogens danach befragt, wie sie mit der pädagogischen Arbeit zufrieden sind oder welche Änderungsvorschläge sie haben. Das Ergebnis der Befragung wird von der QMB nach Auswertung im Team, sowie im Rat der Tageseinrichtung vorgestellt. Veränderungen werden ggf. dort beschlossen und anschließend umgesetzt.

1 Begleitende Unterlagen
Die folgenden begleitenden Unterlagen werden benötigt:
- Beobachtungsleitfaden (Nr. xxx[8])
- Beobachtungsbögen (Nr. xxx)
- Bildungsvereinbarung (Nr. xxx)
- Checkliste zum Erstellen einer Bildungsdokumentation (Nr. xxx)
- Datenschutzbestimmungen (Nr. xxx)
- Checkliste zur Sammlung pädagogischer Maßnahmen (Nr. xxx)

---

[8] Hier müssen eigene Nummern/Buchstaben zur Kodierung gewählt werden.

3.5.3 Kernprozess ‚Durchführung einer Dienstbesprechung'

A Begriffe

Begriff	Erläuterung
Dienstbesprechung (DB)	Eine fest terminierte Besprechung, an der die pädagogischen Fachkräfte der Einrichtung sowohl Terminabsprachen treffen und Projekte planen als sich auch über pädagogische Fragen austauschen. Eine fest terminierte Besprechung, an der die pädagogischen Fachkräfte der Einrichtung sowohl Terminabsprachen treffen und Projekte planen als sich auch über pädagogische Fragen austauschen.
Tagesordnung Dienstbesprechung	Auf diesem Blatt werden in den Tagen vor der DB mögliche Tagesordnungspunkte gesammelt, die dann von der Kraft, die die nächste DB leitet, nach Gewichtigkeit geordnet werden. Daraus erfolgt dann die endgültige Tagesordnung.
Effektiv	Effektiv arbeiten bedeutet, unter Einsatz aller Mittel das Ziel zu erreichen.
Effizient	Effizientes Arbeiten hingegen bedeutet, mit den gegebenen Mitteln das maximal mögliche Ergebnis zu erzielen.
Ressourcen	Ressourcen sind materielle und immaterielle Güter und Werte, die Teams und einzelne Personen zur Handlung befähigen.

Tabelle 9: Kernprozess ‚Durchführung einer Dienstbesprechung' - Begriffe

B Präambel

Das Team unserer Einrichtung lebt von der Vielfältigkeit und Verschiedenheit jeder einzelnen Erzieherin und der Bereitschaft zum gemeinsamen Handeln in der pädagogischen Arbeit. Dabei ist das Bewusstsein aller Mitarbeiterinnen auch auf eine dauerhafte Optimierung der Arbeit ausgerichtet. Die wertschätzende Kommunikation der Mitarbeiterinnen untereinander ist uns sehr wichtig.

C Ziel/Zweck

Mit der Festlegung dieses Kernprozesses wird sichergestellt, dass die DB einer festgelegten Struktur folgt, die eine effektive und effiziente Nutzung der personellen und zeitlichen Ressourcen ermöglicht. Durch die Festlegung des Prozesses und die entsprechende Dokumentation wird gewährleistet, dass Entscheidungswege transparent und nachvollziehbar gestaltet werden und so alle Mitarbeiterinnen über den gleichen Informationsstand verfügen. Zielorientiertes Arbeiten wird gesichert und die Verantwortung aufgeteilt.

D Strukturqualität

Zur Strukturqualität für die Durchführung einer Dienstbesprechung zählen für uns:
- der Mitarbeiterraum
- erwachsengerechte Stühle
- ein Tisch

E Flussdiagramm

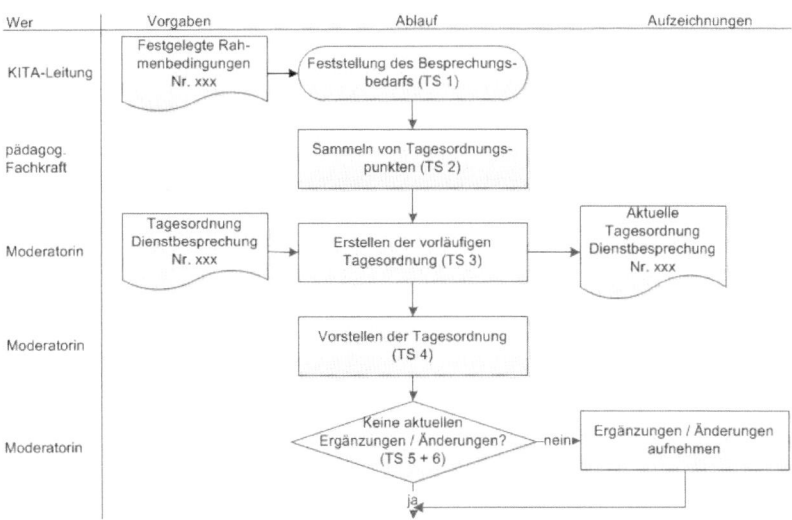

Qualitätsmanagement in Kindertageseinrichtungen

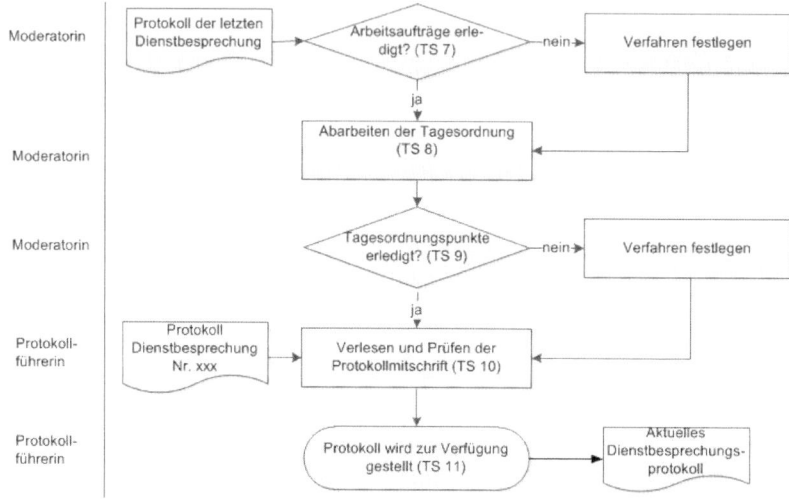

Abbildung 9: Kernprozess ‚Durchführung einer Dienstbesprechung'
– Flussdiagramm

F Beschreibung der Prozess- und Ergebnisqualität

Nummer	Teilschritte	Prozessqualität	Ergebnisqualität
TS 1[9]	Feststellen des Besprechungsbedarfs	Unter Berücksichtigung der festgelegten Rahmenbedingungen legen Leitung und die PFe die Termine für die DB sowie deren Dauer fest. Sollte außerhalb dieser Termine dringender Besprechungsbedarf entstehen, können sowohl Leitung als auch der Träger oder die Mitarbeiter außerordentliche Besprechungstermine anberaumen.	Die Termine und die Dauer der DB sind allen Teilnehmern bekannt. Die Reihenfolge der Moderation wie auch die Protokollführung ist festgelegt.

---

[9] TS bedeutet Teilschritt.
[10] Vgl. Kapitel 2.2.5.1.

Kernprozesse in KITAS

Nummer	Teilschritte	Prozessqualität	Ergebnisqualität
TS 2	Sammeln von Tagesordnungspunkten	Bis einen Tag vor der DB kann jede PF Vorschläge für die Tagesordnung in das Formular Tagesordnung/Dienstbesprechung eintragen.	Die Tagesordnungsvorschläge sind gesammelt und schriftlich im Formular festgehalten.
TS 3	Erstellen der vorläufigen Tagesordnung	Die mit der Moderation der anstehenden DB beauftragte Mitarbeiterin erstellt unter Einbeziehung des ausgefüllten Formulars (s.o.) am Vortag der DB die vorläufige Tagesordnung. Diese wird im Ordner Dienstbesprechung abgeheftet. Alle Mitarbeiter sind verpflichtet[10], Einblick zu nehmen, um sich auf die einzelnen Punkte vorzubereiten.	Die vorläufige Tagesordnung ist erstellt und jeder PF bekannt.
TS 4	Vorstellen der Tagesordnung	Die mit der Moderation beauftragte PF stellt zu Beginn der DB die vorläufige Tagesordnung, sowie die Zeitvorgaben für die einzelnen Punkte allen Beteiligten vor.	Tagesordnungspunkte und Zeitvorgaben sind jeder PF bekannt.
TS 5	Keine aktuellen Ergänzungen/Änderungen	Die Moderatorin klärt, ob es noch aktuelle Ergänzungen zur Tagesordnung gibt. Jede PF hat die Möglichkeit, aktuelle Ergänzungen vorzubringen.	Aktuelle Ereignisse sind noch benannt worden.
TS 6	Ergänzungen/Änderungen vornehmen	Sollte das Team der Ansicht sein, dass diese Ergänzungen noch mit in die anstehende Teamsitzung eingebracht werden müssen, fügt die Protokollführerin diese mit in die Tagesordnung ein.	Die aktuelle Tagesordnung mit den ggf. vorgenommenen Änderungen ist erstellt.
TS 7	Arbeitsaufträge erledigt?	Anhand des Protokolls der letzten DB prüft die Moderatorin, ob alle Arbeitsaufträge inzwischen erledigt wurden.	Die Frage, ob alle Arbeitsaufträge aus der letzten DB erledigt wurden, ist beantwortet.

Qualitätsmanagement in Kindertageseinrichtungen

Nummer	Teilschritte	Prozessqualität	Ergebnisqualität
TS 8	Verfahren festlegen	Stellt sich heraus, dass nicht alle Arbeitsaufträge erledigt wurden, klärt die Moderatorin gemeinsam mit der hierfür zuständigen PF, woran dies lag. Gemeinsam mit dem Team wird dann ein Verfahren festgelegt, wie der Arbeitsauftrag nun schnellstens erledigt werden kann. Die Frage der Zuständigkeit wird noch einmal geprüft.	Die weitere Vorgehensweise zur Erledigung der Arbeitsaufträge ist geklärt, die Zuständigkeit überprüft.
TS 9	Abarbeiten der Tagesordnung	Unter Berücksichtigung der Zeitvorgaben arbeitet die Moderatorin gemeinsam mit dem Team die einzelnen Tagesordnungspunkte ab. Dabei achtet sie auf die festgelegten Regeln zum Umgang miteinander. Die Ergebnisse werden von der Protokollführerin festgehalten.	Die Punkte der Tagesordnung wurden der Reihe nach abgearbeitet. Ein Ergebnisprotokoll ist erstellt.
TS 10	Tagesordnungspunkte erledigt?	Die Moderatorin prüft gemeinsam mit dem Team am Ende der Besprechung, ob alle Punkte der Tagesordnung abgearbeitet wurden.	Es steht fest, ob alle Punkte abgearbeitet wurden.
TS 11	Verfahren festlegen	Sind nicht alle Tagesordnungspunkte abgearbeitet worden, legt die Moderatorin gemeinsam mit dem Team die weitere Vorgehensweise fest. Die Punkte werden ggf. auf die kommende Teamsitzung vertagt, oder es wird geklärt, wer noch mit einbezogen werden muss. Das Ergebnis wird von der Protokollführerin schriftlich festgehalten.	Das weitere Verfahren ist geklärt.

Kernprozesse in KITAS

Nummer	Teilschritte	Prozessqualität	Ergebnisqualität
TS 12	Verlesen und Prüfen der Protokollmitschrift	Die Protokollführerin verliest am Schluss der Besprechung die Mitschrift. Alle PFe prüfen diese auf Vollständigkeit und Richtigkeit der Beschlüsse. Eventuelle Änderungen werden eingearbeitet.	Die Richtigkeit der Protokollmitschrift ist geprüft, das Protokoll wurde gegebenenfalls verändert.
TS 13	Protokoll wird zur Verfügung gestellt	Die Moderatorin schließt die DB zur verabredeten Zeit mit einem Dank an alle Beteiligten.	Die DB ist beendet. Das Protokoll ist vorhanden.

Tabelle 10: Kernprozess ‚Durchführung einer Dienstbesprechung'
– Prozess- und Ergebnisqualität

G Verantwortungsmatrix

Nr.	Prozessschritt	Verantwortung	Beratung / Mitwirkung	Info an...
1.	Feststellen des Besprechungsbedarfs	Leiterin jede PF		
2.	Sammeln von Tagesordnungspunkten	jede PF		
3.	Erstellen der vorläufigen Tagesordnung	die zuständige Moderatorin der DB	Leitung	
4.	Vorstellen der Tagesordnung	die zuständige Moderatorin der DB		
5.	Keine aktuellen Ergänzungen/ Änderungen	jede PF		
6.	Ergänzungen/ Änderungen vornehmen	Protokollführerin	Team	
7.	Arbeitsaufträge erledigt?	die zuständige Moderatorin der DB	Team	
7a.	Verfahren festlegen	die zuständige Moderatorin der DB	Team	

8.	Abarbeiten der Tagesordnung	die zuständige Moderatorin der DB	Team
9.	Tagesordnungspunkte erledigt?	die zuständige Moderatorin der DB	Team
9a.	Verfahren festlegen	die zuständige Moderatorin der DB	Team
10.	Verlesen und Prüfen der Protokollmitschrift	Protokollführerin	Team
11.	Protokoll wird zur Verfügung gestellt	die zuständige Moderatorin der DB	

Tabelle 11: Kernprozess ‚Durchführung einer Dienstbesprechung' – Verantwortungsmatrix

H Prüffragen

Sind die festgelegten Rahmenbedingungen noch aktuell?

Einmal im Jahr überprüft die QMB gemeinsam mit dem Team die Rahmenbedingungen auf etwaigen Änderungsbedarf hin und aktualisiert diese gegebenenfalls.

Besteht ausreichende Moderationskompetenz?

Einmal jährlich erhalten die Moderatorinnen eine Rückmeldung zur erfolgten Moderation. Wird dabei etwaiger Verbesserungsbedarf festgestellt, sorgt die QMB für eine Schulung in der Moderationskompetenz.

Wie viele Punkte der Tagesordnung wurden im Laufe eines Jahres vertagt? Wie viele Arbeitsaufträge wurden nicht termingerecht erledigt?

Die QMB überprüft einmal jährlich die Protokolle der Dienstbesprechungen auf diese Fragen hin. Mögliche Verbesserungsvorschläge werden in der folgenden Teambesprechung vorgestellt und verabschiedet.

Sind alle Mitarbeiterinnen mit der Verfahrensweise der Dienstbesprechungen zufrieden?
Einmal im Jahr wird auf einer Dienstbesprechung geprüft, ob die Dienstbesprechungen zur allgemeinen Zufriedenheit ablaufen. Gegebenenfalls werden Änderungen vorgenommen.

1 Begleitende Unterlagen
Die folgenden begleitenden Unterlagen werden benötigt:
- Festgelegte Rahmenbedingungen zur Durchführung einer DB (Nr. xxx[11])
- Regeln zur Gesprächsführung (Nr. xxx)
- Tagesordnung Dienstbesprechung (Nr. xxx)
- Protokoll Dienstbesprechung (Nr. xxx)

---

[11] Hier müssen eigene Nummern/Buchstaben zur Kodierung gewählt werden.

4 Elternbefragungen als QM-Methode

Wie bereits gezeigt, sind Kundenbefragungen ein sinnvolles Werkzeug für das eigene Qualitätsmanagement. So fordert die entsprechende DIN EN ISO 9001, dass die Kundenzufriedenheit ermittelt werden muss. Das bedeutet nicht zwingend, dass eine Befragung zu erfolgen hat. Jedoch führt eine Befragung zu objektiveren und belegbaren Ergebnissen als eine Selbsteinschätzung der Kundenzufriedenheit.

Nun gehören die Konzipierungen, Durchführungen, Auswertungen und abzuleitenden QM-Maßnahmen eher selten zum Tagesgeschäft der Leitung/der QMB einer Kindertageseinrichtung. Das folgende Kapitel gibt praktische Tipps, um die genannten vier Kernphasen[1], welche sich ebenfalls am PDCA-Zyklus (vgl. Kapitel 2.9.1) orientieren, gelingend für Ihre Befragung umsetzen können:

- Planung der Befragung
- Durchführung der Befragung
- Auswertung der Ergebnisse
- Ableitungen für die Zukunft

---

[1] Planen-Umsetzen-Überprüfen-Handeln (Dox 2011, S. 28).

4.1 Planung der Befragung – Konzeptionsphase

Das ist die wichtigste Phase. Alles, was hier vergessen wird und nachträglich eingearbeitet werden muss, erhöht die Projektzeit um ein Vielfaches. Es lohnt sich also für die Phase, genug Zeit einzuplanen. Es zahlt sich hinterher für Sie aus!

4.1.1 Wozu brauche ich die Elternbefragung?

Eine Befragung nur des reinen Selbstzwecks willen wird keinen großen Erfolg und doch Ressourcen verbraucht haben. Richtig angewendet kann eine gut gemachte Befragung aber verschiedene Win-Win-Situationen erreichen. Zum einen erhalten Sie ein mächtiges Werkzeug, welches Ihnen bei Entscheidungen in wichtigen Steuerungsprozessen hilft.

Zudem werden unbequeme Wahrheiten, die jedem vom Bauchgefühl bekannt sind, evtl. in Zahlen bestätigt („Die Eltern in Einrichtung/Gruppe X sind besonders engagiert/nicht engagiert etc.") oder es können Vorurteile ausgeräumt werden. Wenn zum anderen Eltern merken, dass sich durch die Befragung für sie etwas verbessert, werden zukünftige Befragungen eine höhere Akzeptanz haben. Optimierungsansätze bestehen hier oft in den Themen Betreuungszeiten, Infrastruktur, Beratungs- und Bildungsangebote.

Die Kunst ist es, die richtigen Fragen zu stellen. Dabei wird Ihnen das Kapitel 4.1.6 hilfreich sein. Holen Sie die Eltern mit ins Boot und zeigen Sie ihnen ihre Vorteile auf. Das geht natürlich nur, wenn Sie und Ihr Team hinter der Befragung stehen und sie nicht als lästige Pflicht ansehen.

4.1.2 Welche Ressourcen habe ich?

Am Anfang steht die Frage, welche Ressourcen der eigenen Einrichtung für eine Befragung zur Verfügung stehen. Habe ich beispielsweise fast nur internetaffine Eltern und jemanden unter Ihrem Team, der schnell Online-Befragungen erstellen kann[2], habe ich schnelle Möglichkeiten an Ergebnisse zu kommen. Wenn alle Fragebögen hingegen handschriftlich beantwortet werden und man die Antworten per Strichliste auszählt, dauert es evtl. länger.

Welche Zeitfenster haben Sie und Ihr Team überhaupt für die Aufgabe? Am Anfang sollte allen Beteiligten klar gemacht werden, dass eine lohnenswerte Befragung nicht so nebenbei zu erledigen ist. Eltern können hier mit ins Boot genommen werden. Unter denen gibt es vielleicht einen Texter, einen Designer, einen Mediengestalter, die Ihnen helfen können. Hier müssen aber Rollenkonflikte einkalkuliert werden: Der beste Elternsupport nutzt nichts, wenn jedes Detail neben dem eigenen Team mit den Erziehungsberechtigten durchdiskutiert werden muss, nach dem Motto, ‚Frau Leitung, die Frage geht ja gar nicht!', ‚Warum wollen Sie das wissen?' etc.

Eine andere sinnvolle Möglichkeit bietet sich Ihnen, wenn Sie Berater von außerhalb nutzen und die Arbeiten an Experten[3] outsourcen. Das belastet die Ressource Geld, spart allerdings Zeit und Nerven. Zudem erhalten Sie i. d. R. sehr gut herausgearbeitete Ergebnisse. Ein Berater unterstützt Sie im Vorfeld, bereitet die Daten fachmännisch auf und stellt die Ergebnisse in Ihrer KITA vor.

---

[2] Eine Kurzeinleitung zur Durchführung einer Online-Befragung mit GOOGLE-Docs finden Sie unter Kapitel 4.1.12. Ein Videotutorial erhalten Sie auf unserer Website www.qm-in-kitas.de.

[3] Eine Liste erfahrener Berater finden Sie ebenfalls auf unserer Internetseite www.qm-in-kitas.de.

Evtl. liegt in der Nähe Ihrer Einrichtung eine Schule oder eine Fachhochschule. Vielleicht wäre der ein oder andere Lehrer/ Dozent für eine praktische Unterrichtseinheit in Sozialwissenschaften, Mathematik, Informatik etc. offen und kann Sie so günstig unterstützen. Sie können sich auf das Kerngeschäft konzentrieren und die fertigen Ergebnisse als Steuerungstool benutzen. Aus den von mir seit 2006 speziell in verschiedensten Kindertageseinrichtungen durchgeführten Befragungen haben sich bisher gewinnbringende, neue und genutzte, bedarfsorientierte Angebote und Aktionen für die KITAS ergeben.

4.1.3 Rücklauf und Repräsentativität

Im statistischen Teil werde ich auf die Felder Rücklauf und Repräsentativität (s. Kapitel 4.3.3) näher eingehen. Es ergibt aber schon jetzt – in der Konzeptionsphase – Sinn zu planen, wie meine Klientel, also die Elternstruktur, aussieht. Habe ich viele Eltern, die der deutschen Sprache nicht mächtig sind, sollte überlegt werden, ob der Fragebogen nicht zusätzlich in die entsprechende Landessprache übersetzt werden könnte oder ob eine Mitarbeiterin, die der zweiten Sprache mächtig ist, den Eltern beim Ausfüllen hilft. Dabei können allerdings Antworten, die bei einer vollständig anonymen Befragung gesagt werden, ausbleiben. Stellen Sie sich die Frage, wie sie möglichst viele Eltern erreichen können und ob alle vorhandenen Gruppen gleich abgebildet werden. Wenn Sie z. B. einen recht großen Anteil an Migranten- oder Alleinerziehenden haben, achten Sie darauf, dass Sie diese auch erreichen. So verbessern Sie Ihre Befragungsergebnisse. Fragen Sie ruhig, zu welchen Untergruppen Ihre befragten Eltern gehören, wenn Sie die Fragen entwickeln. Planen Sie genug Fragebögen ein, dass möglichst alle Eltern – zumindest theoretisch – erreicht werden können.

Halten Sie unbedingt fest, wie viele Fragebögen Sie gedruckt haben, wie viele in den einzelnen Gruppen und Einrichtungen herausgegeben wurden und wie viele je Einrichtung/Gruppe zurückkommen.

4.1.4 Die sozialräumliche Komponente

Möchte ich nur Eltern aus meiner Einrichtung befragen oder soll das ganze Projekt eher sozialräumlich aufgestellt werden? Dann sollten weitere Multiplikatoren wie Schulen, Sportvereine, Kirchen etc. gewonnen werden, um den Fragebogen zu verteilen und (auch nicht unwichtig) ihn wieder einzusammeln. Es müssen entsprechend mehr Fragebögen gedruckt werden. Die Ergebnisse können dafür einen größeren Interessentenkreis erreichen. Stellt sich z. B. in der Umfrage heraus, dass ein öffentlicher Spielplatz im Umfeld sehr schlecht gepflegt ist, kann man das öffentlichkeitswirksam an die entsprechenden Stellen der Verwaltung weitergeben. Im besten Fall ist die Jugendhilfeplanung vor Ort Ihnen und Ihrer Arbeit sogar dankbar[4].

4.1.5 Die zeitliche Komponente

Beachten Sie den Zeitrahmen und behalten Sie ihn stets im Blick. So ein Projekt kann schon einmal, je nach Qualität und Quantität, ein Quartal oder mehr in Anspruch nehmen und einige Fachkräfte binden. Erstellen Sie also einen Zeitplan mit den wichtigsten Meilensteinen. Hängen Sie ihn an einer gut sichtbaren Stelle auf. Optisch können die Pläne schnell und gut mit ‚Ganttdiagrammen' erstellt werden. Ein kostenloses Tool dafür finden Sie unter http://www.ganttproject.biz/download.

---

[4] Vgl. z. B. Bestmann, Häseler-Bestmann 2012.

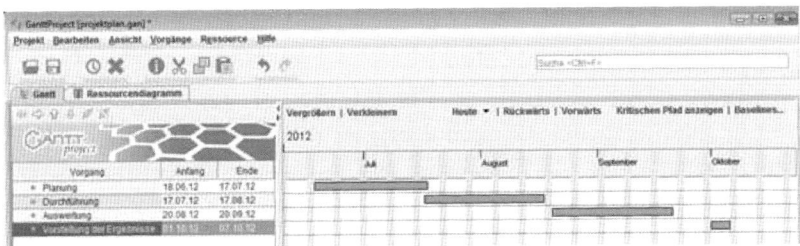

Abbildung 10: Projektplan mit der Freeware GantProject

Warten Sie nicht zu lange mit der Auswertung. Wenn Sie z. B. Kinder beteiligen wollen und Sie nach Änderungen von Spielgeräten und Spielsachen fragen, bringt es nichts, wenn die Auswertung und Umsetzung der Ergebnisse nach drei Jahren erfolgt. Dann haben sie Ihre Einrichtung wahrscheinlich bereits verlassen.

Vielleicht meinen Sie in diesem Zusammenhang sicherlich richtigerweise: Eine Befragung ist aufwändig und die Ressourcen sind immer zu gering. Aber versuchen Sie sich vor Augen zu halten: Es lohnt sich trotzdem! Grenzen Sie im Folgenden die Bereiche ein, zu denen Sie die Eltern befragen möchten.

4.1.6 Welche Fragen stelle ich?

Die Sammlung und Strukturierung der Fragen kann gut im Team z. B. im Rahmen einer Dienstbesprechung gelingen (vgl. Kapitel 3.5.3) gelingen. Brainstorming- und -Writing-Methoden sind geeignete Mittel an gute Ideen in kurzer Zeit zu gelangen. Noch einfacher ist es, wenn ein konkretes Problem ansteht, an deren Lösung man die Eltern beteiligen möchte. Dann kann das hier explizit mit geeigneten Fragen aufgearbeitet werden. Besonders bei regelmäßigen Untersuchungen kann es sinnvoll sein, den Fokus jeweils auf eine aktuelle Fragestellung/ Bedarfsanalyse zu legen. Themen wären z. B. Inklusion, Bedarfe im Sozialraum, Hinweise zum Stand der Migration, Problemlagen bei der Betreuung etc.

Möchten Sie als Leitung die Fäden bei der Fragenauswahl lieber alleine in der Hand halten, ist das ebenfalls in Ordnung. Wichtig ist, dass die Fragen an die Kernfelder/Kernprozesse Ihres QMS angelehnt sind. Praktisch könnten das z. B. Fragen zum Bildungs- und Beratungsangebot der Einrichtung (Erziehungsberatung, Verkehrserziehung, Fragen zur Gesundheit, Fragen zur Abklärung von Auffälligkeiten, Wunsch nach Angebote für Eltern und Kind, Aktionstageangebote etc.), zu neuen Dienstleistungen oder pädagogischen Konzepten sein. Fragen Sie die Eltern, wann sie an den Angeboten teilnehmen können. Der beste Kurs wird in der Mittagszeit eher nicht besucht werden. Fragen Sie, ob und wie viel die Eltern bereit sind, für solche Angebote auszugeben.

Erfragen Sie die Lebensumstände der Eltern: Fragen Sie nach der Anzahl und dem Alter der Kinder und dem Familienstand. Die Frage nach einem Migrationshintergrund kann helfen, den Zuwanderern verbesserte Angebote zu machen. Bei den statistischen Fragen (Beruf, Alter, Einkommen) seien Sie besonders achtsam. Welche davon benötigen Sie wirklich? Erleichtern Sie Antworten durch Vorgaben (ledig, verheiratet, alleinerziehend, Patchwork-Family) oder Klassen beim Einkommen (s. Beispiel in Kapitel 4.3.2).

Zur besseren Steuerung bei z. B. dem Thema Öffnungszeiten/Randzeiten/Notfallsituationen sollten die Bedarfe abgefragt werden. Zudem kann die Bereitschaft der Eltern erfasst werden, sich an den Aufbau z. B. eines Notdienstes oder Fördervereines etc. aktiv zu beteiligen. Fragen Sie ggf. weitere noch nicht vorhandene Kontaktdaten wie Handynummern, E-Mailadressen etc. der Eltern ab, um sie zeitnah zu kontaktieren. Nutzen Sie dafür einen Extra-Zettel, der vom Fragebogen getrennt werden kann, um die Anonymität der Befragten weiter zu gewährleiten. Behandeln Sie die gewonnenen Daten immer vertraulich. Nutzen Sie die Ergebnisse extern nie gegen die Eltern und geben die Daten nicht an Dritte weiter. So transparent aufgestellt werden Sie noch viele weitere Befragungen unbefangen durchführen können.

Oder finden Sie doch heraus, wie gut Ihre Öffentlichkeitsarbeit funktioniert. Fragen Sie, über welche Kanäle die Eltern auf Ihre Einrichtung allgemein oder Ihre Bildungs- und Beratungsangebote speziell aufmerksam wurden. Wie wirksam ist das schwarze Brett, wie informativ die Website, wie kommunikativ die sozialen Medien, wie gut der Flyer, wie ergiebig der Zeitungsartikel? Die Antworten werden Ihnen helfen, effiziente Kanäle mehr zu nutzen oder nicht effiziente zu optimieren oder wegzulassen.

Gleiches gilt für Ihre Angebote. Trauen Sie sich die Frage zu stellen, welche Angebote die Eltern als überflüssig ansehen. Fragen Sie nach dem Zustand Ihrer Infrastruktur: Sind der Spielplatz, die Innenräume oder die Sanitäranlage noch zeitgemäß?

Überlegen Sie generell, wann Sie offene Fragen (‚Wie können wir besser werden?') für kreativere Antworten benötigen und wann ein Kreuz (‚Wie finden Sie den Spielplatz?' gut | eher gut | eher schlecht| schlecht) oder eine Zahl (‚Wie viele Kinder haben Sie?') besser geeignet sind. Ein Kreuz ist schnell gemacht.

Eine offen gestellte Frage verlangt von Eltern mehr Zeit beim Beantworten und von Ihnen selbst mehr Zeit bei der Auswertung. Damit ergibt sich die im folgenden Unterkapitel gestellte weitere Frage.

4.1.7 Wie viele Fragen stelle ich?

Die Antwort ist scheinbar einfach: So viele wie nötig und so wenig wie möglich. Ihre Eltern haben in der Regel genauso wenig Zeit wie Sie selbst. Manche Eltern zeigen wenig Interesse und dann schreckt jede Frage zu viel mehr ab. Sie kennen Ihre Eltern am besten. Beachten Sie, wie zuvor beschrieben, die Art der Fragen. Habe ich viele Fragen, die sich mit einem schnellen Kreuz beantworten lassen oder wenige, bei denen ich selber Text verfassen muss? Ankreuzfragen sollten eher die Regel als die Ausnahme sein. Die von mir betreuten Fragebögen beinhalteten meist vier bis fünf Fragenkomplexe und je nach Bedarf entsprechende Antwortvorgaben – im Schnitt so um die fünf Fragen. Die Beantwortung eines Fragebogens, die länger als zehn Minuten dauert, führt zu wesentlich mehr Abbrüchen. Zur Einschätzung der Dauer kann ein Pre-Test helfen (vgl. Kapitel 4.1.10). ‚Kurz und knackig' ist ein geeignetes Leitmotiv bei der Auswahl und Formulierung der Fragen.

4.1.8 Wann stelle ich welche Fragen?

Es empfiehlt sich zu Beginn die Eltern kurz in einem einleitenden Teil zu informieren, warum Sie die Befragung durchführen und welchen Nutzen sie durch die Ergebnisse haben könnten. Das wären z. B.:
- Einrichtung neuer Angebote
- Verbesserung von vorhandenen Angeboten
- Aktivierung und höhere Beteiligung der Eltern
- Verbesserung der Planung.

Als erste Frage eignet sich eine, die die Eltern gerne oder einfach beantworten können. Das kann z. B. die Frage nach der vom Kind besuchten Gruppe (‚Hasen', ‚Mäuse' etc.) sein. Wenn mehrere Einrichtungen einen Verbund bilden, kann nach der Einrichtung, in welche die Kinder gehen, gefragt werden. Eine Ankreuzantwort ist meist eher geeignet als eine offene Frage, besonders bei Eltern, die nicht gerne schreiben.

Nun sollten die Fragen Ihrer ausgewählten Bereiche nacheinander folgen. Man unterscheidet dabei Antworten mit Vorgaben zum Ankreuzen und offene Fragen Nach meiner Erfahrung erhalten Sie bei offenen Fragen seltener Antworten, da das Ankreuzen viel einfacher ist. Bei denen, die offene Fragen gerne beantworten, haben sich zwei Typen herauskristallisiert: Der eine Typ ist der ‚Meckerer', der nun endlich einmal Dampf ablassen kann. Es gibt aber auch die ‚Lobenden', die auf diesem Wege den Erzieherinnen ihren Dank aussprechen mögen. Das Phänomen trifft sehr häufig bei Umfragen in der Marktforschung auf. Die Personen, die mit den Produkten zufrieden sind, teilen das viel seltener mit. Die Unzufriedenen teilen Ihren Unmut eher mit.

Ein gern gemachter Fehler ist der, mit den statistischen Fragen (Alter, Geschlecht, Einkommen) zu beginnen und so mit der Tür ins Haus zu fallen. Der Datenschutz gelangt immer mehr in das Bewusstsein der Eltern und sollte sehr ernst genommen werden. Verschiedene Untersuchungen haben gezeigt, dass die Bereitschaft, persönliche Auskünfte zu erteilen, wächst, wenn solche Fragen an das Ende der Befragung gestellt werden. In den von mir durchgeführten Untersuchungen haben wir dabei immer noch einmal mehr auf die ‚Freiwilligkeit' der Auskunft hingewiesen. Die Daten wurden immer nur im Kontext der Befragung genutzt und nie an Dritte weitergegeben.

Am Ende ist es eine schöne und angemessene Geste, den Eltern ein Dankeschön für die Beteiligung an den Fragebogen auszusprechen und auf die Präsentation der Ergebnisse zeitlich und räumlich hinzuweisen. Die Eltern helfen Ihnen schließlich, Ihre Steuerung zu optimieren und so die eigene Situation zu verbessern.

„Feedback ist ein Geschenk. Ein wertvolles dazu."
MARTIN LIMBECK (2011, S. 56)

4.1.9 Wie soll der Fragebogen aussehen?

Jetzt denkt man oft, dass die meiste Arbeit getan ist und merkt recht schnell, dass sich das Layout nicht von alleine erstellt. Hier führen einige (aber nicht alle) ‚Wege nach Rom'. Wenn Sie sich für den Weg der Online-Befragung entschieden haben, geben Ihnen die Programme recht gute Vorlagen an die Hand.

In denen müssen meist nur noch ein eigenes Foto oder eine Grafik hinzugefügt oder die Farben an Ihr Corporate Design (CD) angepasst werden.

CORPORATE IDENTITY **(CI)**
Umfasst die Unternehmensleitlinien, Corporate Communikation wie Werbung, Presse- und Öffentlichkeitsarbeit oder Hauszeitschrift, Corporate Behaviour (Leitlinien bezüglich des Verhaltens der Mitarbeiter in Problemsituationen und ihren Umgang untereinander) und das Corporate Design eines Unternehmens.

CORPORATE DESIGN **(CD)**
Nicht zu verwechseln mit Corporate Design. Einheitlicher, unverwechselbarer visueller Auftritt eines Unternehmens. Dieser manifestiert sich in Firmenlogo, Hausfarbe und -schrift, in der Gestaltung von Geschäftsausstattung, Manuals, Katalogen und Prospekten, Verpackungen, Messeständen, Gebäude- und Fuhrparkbeschriftungen. Dazu zählen zudem Produktionsdesign und die Architektur der Firmengebäude.

Lexikon in ‚Grundlagen der Mediengestaltung'
(Fries 2008, S. 232)

Anders sieht das bei der eigenen Erstellung einer Vorlage für den Druck aus. Nicht jedem Elternteil gefällt ein handgeschriebener, kopierter Fragebogen mit etwas Gemalten darauf und einem Text, den man dann nur schwierig entziffern kann. Ausdrucke sind heute jedoch kein großer Kostenfaktor mehr (s. Kapitel 4.1.11).

Bei der Gestaltung kann man sehr viel falsch machen. Wenn Sie einen Mediengestalter mit einbinden können, sind Sie auf der sicheren Seite. Ein externer Berater kann das häufig auch oder er kann die Dienstleistung oft günstiger als eine einzelne KITA dazukaufen. Aber auch als Gestaltungslaie können Sie einige Fehler im Vorfeld vermeiden, in dem Sie ein paar wenige – aber wichtige – grafischen Design-Regeln beachten. Bedenken Sie beim Layout, dass ‚der Wurm dem Fisch schmecken muss und nicht dem Angler'. Stellen Sie sich dazu vielleicht zwei, drei Eltern, die Sie kennen, vor und was diesen gefallen würde. Ziel des Layouts sollte es sein, die Eltern beim Ausfüllen zu unterstützen. Das bedeutet, dass weniger mehr ist. Reduzieren Sie alles, was ablenkt, verzichten Sie auf verschiedene Schriften. Wenn Sie sich für Farben entschieden haben, stimmen Sie sie aufeinander ab. Reduzieren sie vertikale optische Linien, wo Sie können. Das Ergebnis wird sich dann sehen lassen können. Die Regeln werden im Weiteren näher erklärt.

4.1.9.1 Grafische Prinzipien

Ein Prinzip ist das Gesetz der Ähnlichkeit: Nutzen Sie es z. B. zur Gestaltung der Ankreuzkästchen analog zu den ‚Radio-Buttons' und ‚Checkboxen' bei Online-Formularen: Es empfiehlt sich gleiche grafische Symbole für gleiche Fragentypen einzusetzen. Ein Kreis verdeutlicht, dass nur eine Antwort erwünscht ist. Für Mehrfachantworten verwenden Sie immer Kästchen. Dadurch weiß der Befragte intuitiv, wann mehrere Antworten erlaubt sind und wann nicht.

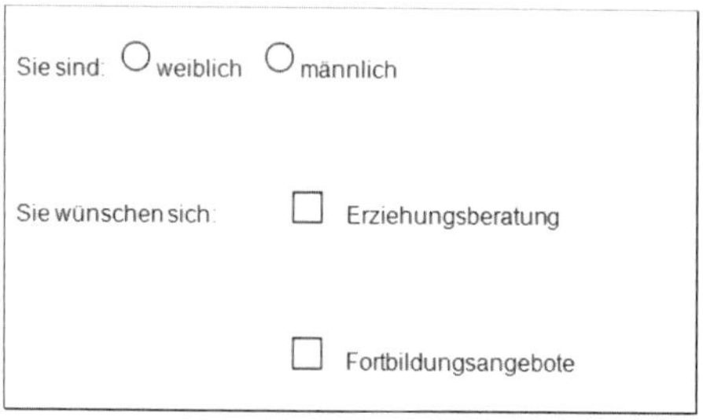

Abbildung 11: Gesetz der Ähnlichkeit

Nach dem Gesetz der Geschlossenheit sollten Sie Rahmen um die jeweiligen Fragenkomplexe setzen oder sie mit einer Färbung hinterlegen, da diese dann eher als zugehörig angesehen werden.

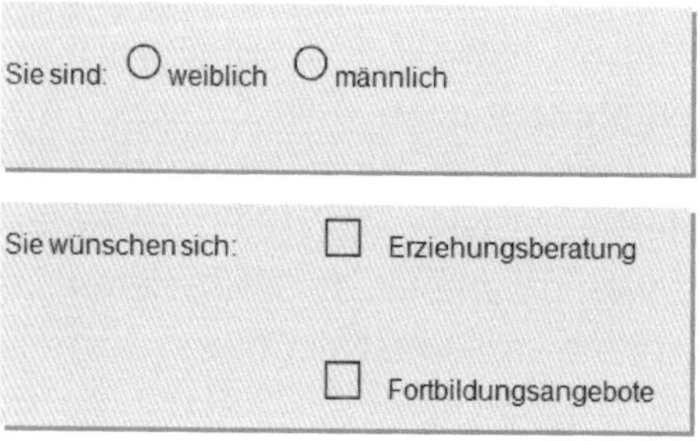

Abbildung 12: Gesetz der Geschlossenheit

Nach dem Gesetz der Nähe werden naheliegende Elemente als zusammengehörig eingestuft. Darauf sollten Sie besonders bei Unterfragen achten:
Hier wurde das Gesetz der Nähe nicht beachtet:

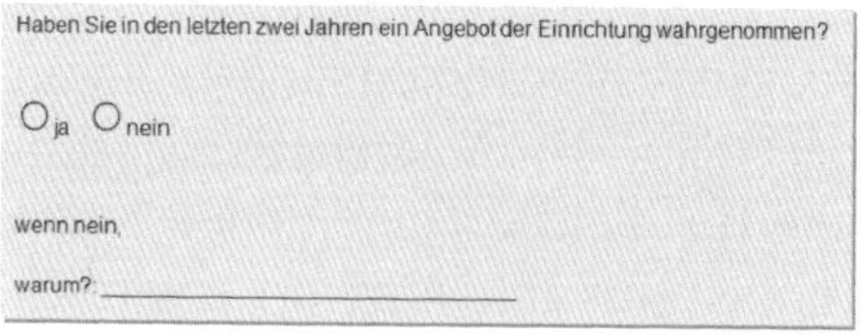

Abbildung 13: Beispiel für falsche Nähe

Die Nachfrage bezieht sich nur auf die Personen, die mit ‚nein'
antworten. Besser wäre also die folgende Variante:

Abbildung 14: Gesetz
der Nähe

Das Gesetz der guten Fortsetzung besagt, dass wir Linien
immer weiterdenken. Dazu ein Beispiel, das den Effekt schön
zeigt.

Abbildung 15: Dreieck oder
drei Ecken oder
ein Quadrat?

Reduzieren Sie daher die Anzahl vertikaler Linien in Ihrem
Design. Optimieren wir also das Beispiel 1. Hier gibt es verschiedene ‚unsichtbare', vertikale Linien.

Abbildung 16:
Vertikale Linien – Teil 1

In der optimierten Fassung werden nun die Linien reduziert.
Die Elemente werden entsprechend ausgerichtet und zusätzlich
der Buchstabenabstand bei der zweiten Frage erhöht, was nicht
mehr unbedingt nötig ist, aber das Prinzip hier gut verdeutlicht.

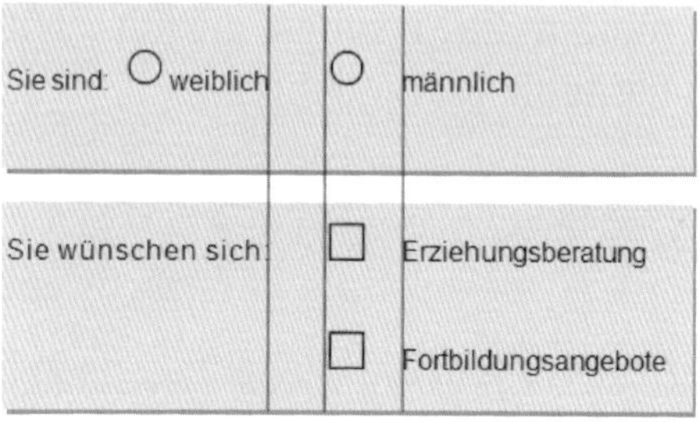

Sie sind: ○ weiblich	○ männlich
Sie wünschen sich:	☐ Erziehungsberatung
	☐ Fortbildungsangebote

Abbildung 17:
Vertikale Linien – Teil 2[5]

RUHLAND und REITER empfehlen für Grafiken die KISS-Methode: ‚Keep it simple & stupid'[6]. Weniger ist dabei mehr. Es darf Weißraum, wie man den auch andersfarbigen Leerraum auf Vorlagen nennt, da sein. Benutzen Sie nicht alle Cliparts, Bilder und Effekte, die Ihnen zur Verfügung stehen. Gleiches gilt für Textauszeichnung wie ‚fett', ‚*kursiv*' oder Unterstreichungen. Wer alles betonen möchte, betont leider nichts.

4.1.9.2 Welche Farben passen zu meinem Design?

In der Regel werden Sie aus Kostengründen eher seltener mit Farben arbeiten. Wenn Sie doch mal mit der Farbauswahl zu tun haben, helfen Ihnen die folgenden Prinzipien.

Eine einzelne Farbe passt immer zu allen unbunten[7] Farben. Bei der Verwendung mehrerer Farben gibt es feste Prinzipien. Wenn Sie Spannung aufbauen möchten, nutzen Sie die im Farbkreis gegenüberliegende Farbe. Diese Farbe bildet einen großen Kontrast. Bilden die ausgewählten Farben im Farbkreis ein Dreieck, spricht man von einem Farbdreiklang. Durch ein

---

[5] PRAXISTIPP: Markieren Sie den zu spreizenden/stauchenden Text. Drücken Sie die rechte Maustaste und wählen Sie ‚Schriftart'. Im Reiter ‚Zeichenabstand' lassen sich so Anpassungen vornehmen. Gehen Sie dabei nicht über den Wert ±3px.
[6] Ruhland, Reiter 2011, S. 73
[7] Unbunte Farben sind weiß, schwarz und alle dazwischenliegenden Grautöne.

Rechteck bildet man einen Farbvierklang. Harmonische Farben liegen im Farbkreis nebeneinander. Sie finden hierzu Beispiele in Farbe auf unserer Website www.qm-in-kitas.de.

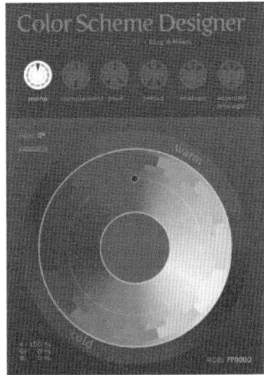

Abbildung 18: Farbkomposition mit Hilfe von ColorSchemeDesigner

Im Web gibt es ein sehr gutes, kostenloses Hilfsmittel, in dem Sie nur Ihre Startfarbe eingeben müssen und Ihnen die restlichen Farben, nachdem Sie die Option Komplementärfarbe (complement), Dreiklang (triad), Vierklang (tetrad) oder harmonisch (analogic) ausgewählt haben, angezeigt werden: www.colorschemedesigner.com.

DER RGB-FARBRAUM
Der gängigste Farbraum zur Farbverarbeitung am PC ist neben dem im Druck gebräuchlichen CMYK-Raum, den Sie evtl. von Ihren Druckerpatronen her kennen, RGB. Stellen Sie sich das wie drei Taschenlampen vor. Eine leuchtet rot, eine grün und eine blau. Jede kann Werte zwischen 0 (‚Lampe ist aus') und 255 (‚Lampe leuchtet so stark wie sie kann') annehmen. Durch verschiedene Zusammenstellung ergeben sich 16.581.375 Farbkombinationen. Sind alle Lampen an, ergibt das weiß. Sind alle Lampen aus, ist das schwarz.

Immer wenn alle Lampen denselben Wert angeben, ist das ein Grau. Haben Sie Ihre Werte ermittelt, haben Sie diese noch in Hexadezimale Werte umzuwandeln. Gehen Sie dazu auf die Seite www.web-toolbox.net/webtoolbox/mathematik/rgb-hexadezimal.htm und geben Sie die Werte ein. Sie werden dann in Hexadezimale Zahlen[9] umgerechnet. Die gewonnene Zahl können Sie in den Colorschemedesigner eingeben.

ANALYSE DER EIGENEN FARBWERTE MIT ‚PAINT'

Haben Sie die RGB-Werte Ihres Logos/Ihrer CI nicht vorliegen, gibt es einen Trick: Mit Bordmittel öffnen Sie ein auf Ihrem Computer meist vorhandenes Malprogramm (auf WINDOWS PCs ist das ‚PAINT', welches unter Programme > Zubehör > Paint zu finden ist). Wählen Sie die Pipette aus.

Abbildung 19: Pipette in PAINT

Klicken Sie mit ihr in Ihrem Logo auf den Farbwert, den Sie wissen wollen. Gehen Sie im Anschluss sofort in der Menüleiste auf Farben > Palette bearbeiten.

Im Fenster ‚Farben bearbeiten' klicken Sie auf ‚Farben definieren'. Dann können Sie die Werte für rot, grün und blau ablesen.

---

[8] Cyan-Magenta-Yellow-Key. Key steht dabei für die Farbe ‚Schwarz'.
[9] Zur Basis 16. Es wird das Rautenzeichen vor den Zahlen vorangestellt. Unsere Zahl 10=#a, 11=#b, 15=#f, 16=#10, ff=#255.

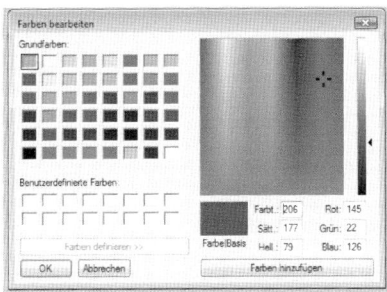

Abbildung 20: Farben bearbeiten

Bedenken Sie, dass die Farben immer im Kontext der Kultur, der eigenen Erfahrungen und der Grundbedeutung zu sehen sind. So sind weltweit ‚Rot und Blau' an Wasserhähnen für ‚kalt und warm' verständlich. ‚Rot' sowie ‚Schwarzgelb' bedeuten bei uns ‚Gefahr' oder ‚Achtung'. In Japan und Korea wird ‚Weiß' als Farbe der Trauer gewählt. Einen schnellen Überblick bekommen Sie unter anderem auf www.farbenundleben.de.

4.1.9.3 Welche Schriftart wähle ich aus?

Benutzen Sie nie mehr als zwei Schriftarten. Schriften unterscheidet man in Schriften mit Serifen (mit ‚Schnörkeln', wie z. B. Times New Roman oder Georgia) und ohne (z. B. Arial, Verdana, Helvetica). Zudem gibt es proportionale Schriften, bei denen der Abstand zwischen verschiedenen Buchstaben anders ist (wie bei den meisten auf den PCs gängigen Schriften so). Außerdem gibt es Monotype-Schriften (z. B. Courier), bei denen die Buchstabengrößen gleich sind. Bei der Auswahl zweier Schriften sollten sie sich nicht sehr ähneln. Oft findet man, dass sich in der Überschrift die eine Schriftart und im Haupttext die andere befindet. Serifenschriften sind am Bildschirm und Beamer in der Regel schlechter zu lesen, da diese eine recht geringe Auflösung haben (72 bzw. 96 Punkte pro Zoll) und so für Haupttexte ungeeignet sind.

Bei Printprodukten (ab 300 dpi[10]) erscheinen Serifen für das Auge besser lesbar.

Das ist ein Text in der Proportional-Schrift Georgia mit Serifen.
Die Buchstabenfolge iiiii verbraucht weniger Platz als die Folge wwwww.

Das ist ein Text in der Proportional-Schrift Arial ohne Serifen.
Die Buchstabenfolge iiiii verbraucht weniger Platz als die Folge wwwww.

```
Das ist ein Text in der Monotype-Schrift Courier Std mit Serifen.
Die Buchstabenfolge iiiii verbraucht ebenso viel Platz wie die Folge wwwww.
```

Abbildung 21: Schrifttypen

4.1.10 Warum sollte ich einen Pre-Test durchführen?

Wenn Sie den Fragebogen erstellt haben, testen Sie ihn, sofern möglich, bei drei bis fünf Eltern und bitten Sie sie um kritisches Feedback. Dafür reicht ein normaler Ausdruck des Fragebogens, da es hier mehr um die Inhalte und die Verständlichkeit geht als um die Druckqualität. So merkt man, ob die Befragten verstehen, was man mit den Fragen gemeint hat. Missverständnisse können frühzeitig korrigiert werden. Die dadurch gewonnenen Kenntnisse nutzen Sie dann für einen weiteren Korrekturdurchlauf.

So fallen ggf. Aspekte auf, die bei der Erstellung nicht im Fokus waren, z. B. ob verwendete Abkürzungen noch näher erklärt werden müssen. Ist genug Platz bei offenen Fragen für die schriftlichen Antworten oder müssen die Antwortbereiche vergrößert werden? Wie lange dauert das Ausfüllen? Ein Pre-Test ist ein weiterer Aufwand, der sich lohnen kann.

---

[10] Dots per Inch (dpi) bezeichnet ein Maß der Auflösung.

4.1.11 Wie bekomme ich den Fragebogen gedruckt?

Wahrscheinlich haben Sie nun den Fragebogen mit Ihrer Textverarbeitung erstellt. Die kennen Sie gut und der zeitliche Aufwand hält sich in Grenzen. Das fertig layoutete Dokument können Sie dann selber ausdrucken und kopieren.

Die von mir betreuten Einrichtungen haben Ihre Fragebögen meist in einer Druckerei vor Ort in Schwarz-Weiß auf etwas dickerem (mindestens 90 g/m^2) und hochwertigerem Papier drucken lassen. Beachten Sie, dass es günstiger sein kann, wenn Sie eine etwas höhere Auflage nehmen. Natürlich sollte sie nicht so hoch sein, dass sich die Kartons der ungenutzten Fragebögen hinterher bei Ihnen stapeln. Wir haben oft mit einem Fragebogen pro Elternpaar plus fünf Prozent – bei Sozialraumuntersuchungen mit entsprechend mehr – kalkuliert, dabei Geschwisterkinder aber nicht abgezogen und sind damit sehr gut gefahren.

Internetdruckereien wie www.flyeralarm.com oder www.die druckerei.de sind häufig günstiger, die Beratung und die Unterstützung einer lokalen Druckerei aber manchmal unbezahlbar. Besonders wenn Sie mit der Erstellung und den Richtlinien von PDF-Erstellungen oder den sonst gängigen Formaten wie JPG und TIFF nicht sehr vertraut sind, können Ihnen die örtlichen Druckereien oder Mediengestalter gut helfen. Service kostet natürlich seinen Preis, spart aber Zeit und Nerven. Vielleicht kann man sich dann mit einer Werbung für die Druckerei auf dem Fragebogen entgegenkommen.

Ein in einer Druckerei in Auftrag gegebener Fragebogen in guter Papierqualität hat sicher mehr Akzeptanz bei den Eltern als ein (im Extremfall) handschriftlich erstellter. Er ist etwas teurer, wobei selbst Farbdrucke in den vergangenen Jahren günstiger geworden sind.

PDF-ERSTELLUNG LEICHT GEMACHT
Viele neue Versionen von Textverarbeitungen wie MICROSOFT OFFICE® oder OPEN OFFICE® bieten bereits die Möglichkeit, erstellte Texte als PDF zu speichern. Sollte Ihr Programm das noch nicht können, gibt es eine weitere kostenlose Möglichkeit. Das Programm zur Erstellung von PDF-Dateien finden Sie unter http://pdf995.com/download.html. Laden und installieren Sie zuerst den Druckertreiber (Pdf995 Printer Driver). Danach laden Sie den ‚FREE CONVERTER' herunter und installieren ihn ebenfalls. Wenn Sie nun aus einer beliebigen Datei, wie zum Beispiel einem von Ihnen erstellten Text eine PDF erstellen wollen, klicken Sie auf ‚Drucken' und geben Sie den Drucker ‚pdf995' an. Sie werden dann gefragt, wo die PDF und mit welchem Namen, abgelegt werden soll.
Ein Videotutorial dazu finden Sie auf unserer Website www.qm-in-kitas.de

4.1.12 Wir erstelle ich eine Online-Befragung?

Ein gutes Tool zur Durchführung von Online-Befragungen sind die von GOOGLE kostenlos bereitgestellten GOOGLE-Docs. Dazu benötigen Sie allerdings ein GOOGLE-Konto. Zudem erhält GOOGLE Einblicke in Ihre gesammelten Daten. Andererseits erspart Ihnen das Tool viel Arbeit. Dabei können sogar mehrere Personen am gleichen Fragebogen zeitgleich arbeiten. Die Erstellung ist etwas aufwändiger. Auf unserer Website www.qm-in-kitas.de haben wir ein Videotutorial hinterlegt, wie man einen einfachen Fragebogen anlegt. Weitere Softwaretipps finden Sie ebenfalls auf unserem Portal. Der Fokus des Buches richtet sich jedoch auf die klassische Printfassung.

4.1.13 Wann empfiehlt sich ein Interview?

Die Methode ist sehr arbeitsintensiv. Es muss ein Interviewleitfaden erstellt werden, der alle Fragen beinhaltet. Ein Befrager muss die ganze Zeit dabei sein und die Antworten notieren. Er darf aber nicht bewusst oder unbewusst seine Meinung mit einfließen lassen. Sätze wie ‚Sie sind doch auch der Meinung, dass ...' führen sicher zu anderen Ergebnissen als ‚Welche Meinung haben Sie zum Thema ...'.

Das Ganze ist zeitintensiv. Interviews sind aber z. B. sinnvoll als Pre-Test für einen Fragebogen, um durch offen gestellte Fragen (z. B. ‚Was können wir Ihrer Meinung nach zur Verbesserung der Vereinbarkeit von Familie und Beruf beitragen?') Hinweise zu bekommen, die dann gebündelt im Fragebogen als geschlossene Fragen vorkommen und besser auswertbar sind: So ergeben sich vielleicht zu der o. g. offenen Frage fast immer dieselben Antworten:

‚Was können wir Ihrer Meinung nach zur Verbesserung der Vereinbarkeit von Familie und Beruf beitragen?'
a) Betreuung freitags bis 16:30
b) Betreuung am Samstag
c) Kooperationen mit Tagesmüttern
d) Einrichtung eines Notfalldienstes für Randzeiten

Ein Interview kann auch als Experteninterview geführt werden. Möchten Sie bspw. mehr türkische Eltern ansprechen, kann ein Interview mit dem Iman der Gemeinde oder dem Vorstand des islamischen Kulturvereins sehr sinnvoll sein.

4.1.14 Weitere Tipps

Viele Kindertageseinrichtungen standen bereits vor der Aufgabe, eine Elternbefragung durchzuführen. Im Rahmen des Projektes ‚FAMILIENZENTRUM NRW' hat das INSTITUT FÜR SOZIALE AR-

BEIT e.V. einige interessante Versionen gesammelt und stellt sie auf dem Portal www.familienzentrum.nrw.de zur Verfügung. Hier gelangen Sie direkt zu den Fragebögen: http://www.familienzentrum.nrw.de/elternfrageboegen.html
Weitere Beispiele für gelungene Elternbefragungen finden Sie auf unserer Website www.qm-in-kitas.de.

4.2 Durchführung der Befragung

Der Fragebogen steht, ist layoutet und die Druckerei hat pünktlich genug Exemplare geliefert? Prima, dann beginnt der Teil, der etwas weniger arbeitsintensiv ist: Die eigentliche Befragung kann beginnen.

4.2.1 Rücklaufkontrolle und Verteilung

Wie bereits in der Konzeptionsphase beschrieben, ist der Rücklauf eine wichtige Kennzahl zur Bewertung des Erfolges der Untersuchung. Notieren Sie zu Beginn, wie viele Fragebögen gedruckt wurden. Halten Sie oder lassen Sie von den Gruppenleitungen oder Einrichtungsleitungen (z. B. wenn Sie die Verbundleitung inne haben) nachhalten, wie viele Fragebögen verteilt wurden und wie viele wieder eingetroffen sind. Wählen Sie am besten einen Zeitraum von drei bis vier Wochen. In der Zeit dürften die meisten Eltern ein Mal in der Einrichtung erschienen sein. Wenn Sie die Befragung im ganzen Sozialraum machen wollen, verteilen Sie die Fragebögen an die entsprechenden Multiplikatoren wie Schulen, Kirchen, Vereine etc. (s. Kapitel 4.1.3 und 4.1.4). Eine Variante in kleineren Regionen könnte die Verteilung über eine Zeitung oder ein Wochenblatt sein. Die Rückläufe sind dann zwangsweise geringer, da zwar mehr Fragebögen verteilt wurden, aber nur wenige wieder kommen werden.

4.2.2 Austeilen der Fragebögen

Weisen Sie über alle Ihre Öffentlichkeitskanäle auf die Befragung und den Befragungszeitraum hin. Bieten Sie den Fragebogen zum Download in PDF-Form an. Da das mit Aufwand verbunden ist, werden das sicher nicht die meisten nutzen, aber Sie machen so darauf aufmerksam. Wenn die Befragung über die Einrichtung hinaus geht, nutzen Sie die örtliche Presse. Befragen Sie die Leute auf dem Wochenmarkt oder vor dem Supermarkt in der Nähe Ihrer Einrichtung. Holen Sie ggf. dafür in Ihrer Stadt notwendige Genehmigungen ein. In der Regel sollte das kein Problem sein, da die Stadt von den Ergebnissen profitieren kann. Falls Ihre Fragebögen nur auf Deutsch vorliegen, unterstützen Sie Personen, die kein Deutsch sprechen, beim Ausfüllen. Vielleicht haben Sie ja türkisch, russisch, polnisch etc. sprechende Kolleginnen, die helfen können. Die unterstützende Person sollte sich mit ihrer Meinung dabei unbedingt zurücknehmen, sonst könnten sie den Fragebogen genauso gut selbst ausfüllen.

4.2.3 Nachfassen und einsammeln

Bei einem zu geringen Rücklauf verlängern Sie die Frist, aber um nicht mehr als zwei Wochen. Wer dann den Bogen noch nicht ausgefüllt hat, wird ihn nicht mehr ausfüllen. Schreiben oder sprechen Sie die Eltern bei mäßigem Rücklauf ein zweites Mal direkt an.

Lassen Sie dann die Fragebögen einsammeln und an die für die Auswertung beauftragten Verantwortlichen weitergeben. Die Rücklaufquoten der einzelnen Einrichtungen/Gruppen sollten dem Verantwortlichen ebenfalls mitgeteilt werden, damit eine rasche Auswertung stattfinden kann. Eine Checkliste für diese Phase findet sich auf unserem Portal www.qm-in-kitas.de.

4.3 Auswertung der Befragung

Die Bögen sind zurückgekommen, der Rücklauf war gefühlt okay? Dann kommt jetzt der Teil, der ein wenig mit Mathematik, insbesondere Statistik zu tun hat. Keine Angst, es wird nicht so schlimm.

4.3.1 Wie viel Statistikwissen benötige ich?

„Vier von drei Personen haben Probleme beim Begreifen von Statistiken. Dabei gibt es immer noch Personen, die glauben, dass Sie mit Statistiken etwas belegen können. Jeder vierte glaubt das." Mit diesen Sätzen beginne ich oft meine Präsentationen der Elternbefragung. Wenn ich kein Lächeln oder Schmunzeln sehe, weiß ich, dass ich mit den Grundlagen anfangen muss. Das finde ich aber eher als angenehm, da das Gelernte dann gleich in der Praxis angewendet werden kann. Alle sind somit auf dem gleichen Wissensstand. Im Folgenden erhalten Sie eine Kurzanleitung, wie Sie aus den Fragebögen die richtigen statistischen Werte berechnen können. Sollten Sie den Bereich an eine Agentur oder einen Berater weitergegeben haben oder sollte die Auswertung bereits über die Befragungssoftware erfolgt sein, überspringen Sie das nachfolgende Kapitel einfach. Wenn Sie aber wissen wollen, was die an Sie gelieferten Daten bedeuten oder Sie Ihr mathematisches Wissen auffrischen wollen, führe ich Sie jetzt durch die einfachen Grundlagen der Statistik.

Entscheiden Sie zuvor, ob Sie die Fragebögen per Hand, mit einer Tabellenkalkulation wie EXCEL oder einer Statistiksoftware wie ‚R' lösen möchten. Auszählen kann jeder, das ist aber recht fehleranfällig und ärgerlich, wenn man sich verzählt. Statistiksoftwaren sind entweder sehr hochpreisig – so ab € 2.500, wie das Programm SPSS von IBM. Oder es ist kostenlos, aber ohne Informatikkenntnisse nur schwer zu nutzen wie die Software PROJEKT R. Eine Alternative kann da die Tabellenkalkulation MICROSOFT-EXCEL oder das Programm CALC aus der OPENOFFICE-Suite sein. Im Folgenden erkläre ich zuerst, welche statistischen Methoden wir benötigen und danach, wie Ihnen EXCEL bei der Auswertung hilft.

4.3.2 Statistische Methoden, deskriptive Statistik und Kreuztabellen

Im folgenden Kapitel beschreibe ich Methoden der beschreibenden Statistik, die auch deskriptive Statistik genannt wird. Die Grundlagen der schließenden Statistik mit den Bereichen Tests, Wahrscheinlichkeitsrechnungen etc. werden Sie in der Regel nicht benötigen. Sollte Sie die schließende Statistik zusätzlich interessieren, finden Sie eine gute Einführung in die schließende Statistik bei HAGL im achten Kapitel[11].

Die einfachste Methode ist es, die vorkommenden Häufigkeiten zu ermitteln. Wie viele Personen möchten mehr Erziehungsberatung? Wie viele Personen sind in der Einrichtung A und wie viele in der Einrichtung B?

Das funktioniert selbst mit einer Strichliste ganz gut. Hier kommt dann die erste statistische Größe ins Spiel. Man nennt sie Modus oder Modalwert. Das ist der Wert, der die meisten Häufigkeiten bekommen hat. Hier bietet es sich an, eine Rang-

---

[11] Hagl 2008, S. 156 ff.

folge, neudeutsch: Ranking zu erstellen. Das ist besonders sinnvoll, wenn es z. B. darum geht, welche Themen für Elternbildung gewünscht sind. Bieten Sie einen Kurs zu einem Thema an, der hier am meisten genannt wurde, wird er sicher eher besucht werden. Oder Sie haben abgefragt, wie die Elternbildung aussehen soll, ob z. b. als einmalige Infoabende, als Kurs oder regelmäßig monatlich oder wöchentlich. Dann wird die Befragung zum guten Steuerungstool, als welche sie gedacht ist.

Eine Häufigkeit an sich ohne Referenz sagt aber wenig aus. Wenn ich sage, dass in der Stadt Y 10 Personen mit Migrationshintergrund wohnen, können Sie nicht beurteilen, ob das viel oder wenig ist. Sage ich Ihnen, die Stadt hat 20 Einwohner, würden Sie das eher als hoch, bei 1.000 Einwohnern eher als niedrig einschätzen können. Für unsere Befragung brauchen wir einen Referenzwert. Das ist die Anzahl der zurückgekommenen, ausgefüllten Fragebögen. Man spricht dann von der Grundgesamtheit der Umfrage – also 100 % der Befragten. 100 % heißt ganz einfach alle! Jetzt kann man Quoten bzw. Anteile bilden. Das ergibt in der Praxis aber erst Sinn, wenn man mehr als 100 Antworten zurückbekommen hat. Wenn Sie eine Studie von ‚amerikanischen Wissenschaftlern' lesen, in der 33,3 % dies oder jenes machten, können Sie davon ausgehen, dass nur drei Personen befragt wurden. Bei Befragungen unter 100 Personen reichen also i. d. R. die Häufigkeiten. Bei mehr als 100 Antworten ist das Ausrechnen der Anteile zweckmäßig. So kann man dann spätere Studien besser vergleichen. Dazu teilt man die Häufigkeiten durch die Grundgesamtheit und multipliziert das Ganze mit 100.

$$\text{Quote} = \frac{\text{Häufigkeit}}{\text{Grundgesamtheit}} \cdot 100$$

Bei unserem Beispiel hätten wir also im ersten Fall 10 (Häufigkeit der Migranten) geteilt durch 20, gleich 0,5. 0,5 mal 100 ist gleich 50, also läge der Migrantenanteil bei 50 % im ersten Fall. Auf ‚Statistikdeutsch' würde das heißen, jeder zweite Bewohner der Stadt hat einen Migrationshintergrund. Im zweiten Fall würde man 10 durch die Grundgesamtheit 1.000 teilen und das Ergebnis von 0,01 mit 100 multiplizieren. Die Quote der Migranten beträgt also in dem Fall 1 Prozent. Von 100 Personen hat also einer einen Migrationshintergrund.

Fragen, die keine Wertung haben, wie z. B. ‚Welchen Vornamen haben Sie?' nennt man nominal skaliert. Der Name ‚Peter' ist nicht hochwertiger als z. B. ‚Wolfgang'. Ich kann aber sagen, 12 Personen heißen Peter und 15 heißen Wolfgang. Ein Mittelwert oder eine andere Größenbewertung ergibt keinen Sinn.

Danach kommen die so genannten ordinal-skalierten Werte. Dazu ein praktisches und einfaches Beispiel. Sie haben im Fragebogen die folgende Frage gestellt und die folgenden 11 Antworten bekommen:

Gehalt	Häufigkeiten
unter 1.000 €	3
1.000 bis 1.499 €	2
1.500 bis 1.999 €	2
2.000 € bis 2.499 €	2
über 2.500 €	2
Gesamt	11

Tabelle 12: Gehälterklassen

Sie wissen bereits, dass der Modalwert 3 beträgt. ‚3' sind die meisten Nennungen. Damit können Sie aber die Gehaltsstruktur der Untersuchung nur mäßig beschreiben.

Jetzt kommt der Median ins Spiel. Wir stellen die Personen nach Gehalt sortiert in eine Reihe und schauen, wer genau in der Mitte steht. Damit haben wir unseren Median. Sortieren wir die elf Personen der Reihe nach, würde der in der Mitte an sechster Position stehen:

u. 1000 €	u. 1000 €	u. 1000 €	1.000 bis 1.499 €	1.000 bis 1.499 €	1.500 bis 1.999 €	1.500 bis 1.999 €	2.000 € bis 2.499 €	2.000 € bis 2.499 €	über 2.500 €	über 2.500 €
1	2	3	4	5	6	7	8	9	10	11

Tabelle 13: Medianbestimmung

Um z. B. den Median der Körpergröße der Kinder einer Einrichtung zu bestimmen, können sich alle einfach ‚wie die Orgelpfeifen' aufstellen. Der in der Mitte steht, beschreibt dann eine Form der Durchschnittsgröße. Bei einer ungeraden Zahl nehmen Sie genau die Person aus der Mitte. Bei einer geraden Anzahl nehmen Sie die beiden, die in der Mitte stehen. Addieren Sie deren Größen und teilen den Wert durch zwei. Womit wir dann gleich beim Mittelwert, korrekter beim ‚arithmetischen' Mittelwert sind.

Eine Mittelwertbildung kennen Sie sicher noch aus Ihrer Schulzeit, wenn es Klassenarbeiten zurückgab. Für den Mittelwert muss das Niveau der Messwerte nicht nur der Größe nach zu sortieren sein (Sie erinnern sich: ordinal-skaliert), sondern die Abstände müssen gleich sein. Der Abstand zwischen 1,50 m und 1,55 m ist genauso groß wie zwischen 1,35 und 1,40 m.[12]

Hier ein weiteres Beispiel einer ähnlichen Einrichtung, nur haben hier die Eltern konkrete Verdienste angegeben:

---

[12] Bei Noten kann man da geteilter Meinung sein. Aber auch bei Befragungen – wie z. B. ‚Wie bewerten Sie die Einrichtung?' 1 = gut; 2 = eher gut; 3 = eher schlecht; 4 = schlecht – dürfen Sie mit Mittelwerten rechnen.

400	920	980	1.300	1.300	1.600	1.800	2.100	2.300	3.600	10.000
1	2	3	4	5	6	7	8	9	10	11

Tabelle 14: Modalwert und Median

Der Modalwert beträgt € 1.300, da der Wert am meisten (wenn auch nur zweimal) vorkommt. Der Median beträgt € 1.600. Jetzt berechnen wir den Mittelwert, in dem wir alle Werte addieren und das Ergebnis durch 11 teilen:
Zuerst also die Summe bilden: 400 + 920 + 980 + 1.300 + 1.300 + 1.600 + 1.800 + 2.100 + 2.300 + 3.600 + 10.000 = 26.300. Nun durch die Anzahl der Werte, also 11 teilen: 26.300/11 = € 2.390 durchschnittliches Monatseinkommen. Sie sehen, dass der Mittelwert sehr gegen Ausrutscher nach beiden Seiten anfällig ist. Hätte die letzte Familie statt 10.000 ‚nur' € 3.700 verdient, wäre die Gesamtsumme € 20.000 gewesen.
Der Mittelwert läge bei 20.000/11, also bei € 1.818,18. Es ergibt somit Sinn, sich alle drei Werte – Modalwert, Median und Mittelwert – anzusehen.
Bleibt noch die Frage offen, ob ich einen Mittelwert bei denen in Klassen abgefragten Gehälter berechnen kann. Ja, das geht. Man rechnet dann mit Klassenmittelwerten[13]. Am einfachsten nimmt man immer den Mittelwert/Median der Klasse, also z. B. € 1.249[14] bei der Klasse € 1.000 bis 1.499. Für den Bereich

---

[13] Hagl 2008, S. 68.
[14] Warum die 49 am Ende und nicht die 50? Wir vereinfachen das Beispiel: Wir haben die Zahlen von 0 bis 9 (das sind bekanntlich 10 Zahlen). Der Median bestünde also aus dem Wert der an 5.ter und 6.ter Stelle steht. Da die 0 an erster Stelle steht, steht an 5. Stelle die 4 und an 6. Stelle die 5. 4 + 5 = 9. 9/2 ist 4,5. Bei 1.000 Werten (von 0 bis 999) müssen wir den Mittelwert auf der 500. und der 501. Stelle nehmen. Das sind 499 und 500. Daher beträgt der Wert 499,5. Analog gilt das für die anderen Klassen auch.

der letzten offenen Klasse über € 2.500 setzen Sie eine Ihnen sinnvoll erscheinende Zahl ein – haben Sie eine Millionärsfamilie in der Gruppe, darf der Wert höher sein, ansonsten schätzen Sie einen Wert oberhalb von € 2.500 der Ihnen geeignet erscheint. Begründen sollten Sie die Entscheidung aber können.

Gehalt	Häufigkeiten	Klassenmittelwert	Summe
unter 1.000 €	3	499,50	1.498,50
1.000 bis 1.499 €	2	1249,50	2.499,00
1.500 bis 1.999 €	2	1749,50	3.499,00
2.000 € bis 2.499 €	2	2249,50	4.499,00
über 2.500 €	2	3.200 [14]	6.400
Gesamt	11		18.395,50

Tabelle 15: Klassenmittelwerte

Noch einmal das erste Beispiel mit Klassenmittelwerten:
Ich erhalte somit einen Mittelwert über die Klassen von 18.395,50/11 = € 1.672,32.
Damit ist unser Basiswissen fast fertig. Es fehlt noch ein Maß der Streuung. Dazu wiederum ein Beispiel:
Wir haben zwei ganz kleine Kindergärten mit nur je drei Personen. Wir haben dieses Mal nach dem Alter der Väter gefragt:

Einrichtung	Vater 1	Vater 1	Vater 1
Einrichtung A	20	30	40
Einrichtung B	15	30	45

Tabelle 16: Gleicher Mittelwert bei verschiedener Streuung

---

[15] Der Wert wurde geschätzt – wenn Sie einen Millionär darunter haben dürfte das höher, wenn das zwei Lehrer sind, etwas niedriger ausfallen. Wenn Sie sich unsicher sind addieren Sie zu dem Wert die Hälfte der Differenz der letzten abgefragten Klasse (hier 2.499 - 2-000 = 499; 499 : 2 = 249,50. Das ergäbe einen Klassen Mittelwert von € 2749,50).

In beiden Einrichtungen ist das Durchschnittsalter der Väter 30 Jahre[16]. Ziel ist es, die Gruppe besser beschreiben zu können, und sie ist definitiv unterschiedlich. Man benötigt also ein Maß der Streuung. Dazu hilft die folgende Eselsbrücke vielleicht. Sie sind Jäger und schießen auf einen Hasen[17]. Beim ersten Mal schießen Sie einen Meter links vorbei, danach rechts. Im Durchschnitt hätten Sie ihn getroffen. Hätten Sie ein Schrottgewehr mit entsprechender Streuung gehabt, hätten Sie ihn sogar bestimmt getroffen. Was bedeutet das für die Mathematik? Wir suchen einen Wert, der uns die Streuung gut angibt. Dazu schaut man sich zunächst die Abweichung der einzelnen Werte vom Mittelwert an:

Einrichtung	Vater 1	Vater 1	Vater 1	Summe
Einrichtung A	20-30=-10	30-30=0	40-30=10	0
Einrichtung B	15-30=-15	30-30=0	45-30=15	0

Tabelle 17: Streuung

Das Summenspiel hat uns also nichts gebracht. Der Mathematiker benutzt nun einen Trick und quadriert die Abweichungen, nimmt sie also mit sich selbst mal. Dadurch entfallen die Minuszeichen, da Minus mal Minus immer Plus gibt.

Einrichtung	Vater 1	Vater 1	Vater 1	Summe
Einrichtung A	-10*(-10)= 100	0*0=0	10*10=100	100
Einrichtung B	-15*(-15)=225	0*0=0	15*15=225	450

Tabelle 18: Differenz zum Mittelwert quadriert

---

[16] 20 + 30 + 40 = 90. Teilen durch 3: Mittelwert = 30. 15 + 30 + 45 = 90 -> Der Mittelwert beträgt ebenfalls 30.
[17] Wir setzen voraus, dass der Hase taub ist und nicht wegrennt!

In einem letzten Schritt teilt man den Wert durch die Anzahl der Werte (also hier 3). Man nimmt also den Mittelwert der quadrierten Abweichungen.
100 : 3 = 33,33   450 : 3 = 150
Diesen Wert nennt man in der Statistik Varianz. Aber Stopp! Wir haben etwas vergessen: Um die Minuszeichen oben wegzubekommen, haben wir die Werte quadriert. Also ziehen wir jetzt wieder die Wurzel. Das ist dann die Standardabweichung.

Die Wurzel aus 33,3 beträgt etwa 5,77 (zur groben Kontrolle: 5 · 5 ist 25; 6 · 6 ist 36, das könnte also gut hinkommen). Die Wurzel aus 150 beträgt fast 12,25. Damit beträgt im Fall A die Standardabweichung 5,7 und im Fall B 12,25. Die Werte im Fall B liegen – statistisch belegt – weiter auseinander.

Die Standardabweichung hat noch einen weiteren Vorteil. Mit ihr kann ich Wahrscheinlichkeiten zu meiner Stichprobe angeben. Die Begründung dazu ist recht komplex. Nachlesen und nachvollziehen können Sie das bei Hagl[18]. Für die Praxis ist es wichtig zu wissen, dass sich wahrscheinlich 68,3 % Ihrer untersuchten Gruppe im Bereich Mittelwert plus/minus der Standardabweichung bewegen. 95,5 % erfassen Sie mit dem Wert Mittelwert plus/minus 2mal der Standardabweichung und 97,7 % im Intervall Mittelwert plus/minus 3mal der Standardabweichung.

Was heißt das für Ihre Praxis: Sie haben z. B. erfragt, wie viel die Eltern für eine Bildungsmaßnahme bereit sind zu zahlen. Der Mittelwert lag bei € 20. Die Standardabweichung bei € 5[19]. Das bedeutet, das 68,3 % der Eltern einen Preis von € 15 (20 – 5) bezahlen würden. Einen Preis von mind. € 10 (20 – (2 · 5)) wären sogar 95,5 % bereit zu zahlen. 97,7 % würden einen Preis von mind. € 5 akzeptieren (20 –(3 · 5)).

---

[18] Hagl 2008, S. 142.
[19] Die Standardabweichung hat immer die gleiche Einheit wie der Mittelwert.

Kommen wir zuletzt zu den Kreuztabellen. Dazu werden zwei Merkmale über die Merkmale einer anderen Frage miteinander verglichen. Es entsteht eine gekreuzte Tabelle.

DVD-Abend	‚Die hard 4'[19]	‚Schlaflos in Seattle'	Gesamt
Frauen	5	15	20
Männer	14	6	20
Gesamt	19	21	40

Tabelle 19: Kreuztabellen Beispiel DVD-Abend

Wann ist diese in der Auswertung ohne statistische Auswertungsprogramme aufwändige Methode sinnvoll? Es kommt oft vor, dass Ihre Befragungsgruppen größere Untergruppen aufweisen, die sich in einem bestimmten Merkmal sehr unterscheiden. Damit sich der Aufwand einer Kreuztabelle lohnt, sollten die Gruppen aber bezogen auf die absolute Häufigkeit sehr groß sein. Ein Beispiel könnte das Geschlecht der Kinder sein. Das Merkmal dürfte in etwa gleich verteilt sein. Wenn Sie die Kinder befragen würden, welches Spielzeug angeschafft werden soll, würden – zumindest in einer Untersuchung von vor 50 Jahren, teilweise noch heute – vielleicht Puppen und Autos gleich häufig genannt werden. Schaue ich aber, wie die Jungs und Mädchen getrennt voneinander geantwortet haben, dürften sich da signifikante Unterschiede ergeben.

Oder fragen Sie eine Gruppe von Pärchen, wie in Tabelle 19 gezeigt, welcher Film bei einem DVD-Abend gezeigt werden soll. Nach der persönlichen Präferenz zu den Filmen ‚Die hard 4' oder ‚Schlaflos in Seattle' befragt, dürften die Ergebnisse nach Mann und Frau ebenfalls sehr unterschiedlich sein.

---

[20] Bei ‚Die hard 4' handelt es sich um einen Actionfilm, bei ‚Schlaflos in Seattle' um eine Romantikkomödie.

Jede Kreuztabelle verdoppelt bzw. verdreifacht den Analyseaufwand im Abschlussbericht, da die Ergebnisse für die Gesamtgruppe und die jeweiligen Untergruppen getrennt aufgelistet und visualisiert werden müssen (s. Kapitel 4.3.6). Es kann sich aber lohnen. Sollten Sie – wie in Kapitel 4.1.6 beschrieben – regelmäßige Befragungen zu bestimmten Schwerpunktthemen erstellen, lohnt es sich, Kreuztabellen zu den jeweiligen betroffenen Gruppen des Schwerpunktthemas anzufertigen und diese mit den Ergebnissen der Grundgesamtheit zu vergleichen (z. B. Schwerpunktthema Migration, Alleinerziehende, Inklusion etc.).

Manchmal ergeben sich aber Forschungsfragen bei der Auswertung, die sich nur mit Kreuztabellen lösen lassen. Dazu ein Beispiel aus meiner Praxis. In einer Umfrage einer Einrichtung, die den Fragebogen zusätzlich in türkischer Sprache drucken ließ, fiel bei der Eingabe der Bögen bereits auf, dass Personen mit Migrationshintergrund die Bildungsangebote zur Hälfte, während deutsche Eltern sie zu weit über 75 % nutzten. Die Gruppe der Migranten war groß genug, um Ansätze zur Beantwortung der Frage, warum die Angebote weniger genutzt würden, zu erhalten. Alle Fragen, die das Bildungsangebot betrafen, wurden sodann per Kreuztabelle erneut nach Personen mit und ohne Migrationshintergrund differenziert. So ergab sich, dass sich die Personen mit Migrationshintergrund in dieser Region zum einen viel seltener über die Angebote informiert fühlten. Zum anderen waren die Termine der Veranstaltung oft am Abend. Die meist türkischen Mütter hatten eher morgens Zeit, wie der Fragebogen zeigte. Zudem interessierten sie sich teilweise für andere Themen. Es konnte mit Hilfe der Befragung nun überlegt werden, ob man in der Einrichtung mit dem größten Anteil an Migranten ein Bildungsangebot speziell für sie am Morgen schafft.

In einer anderen Untersuchung, wurden auffallend oft ‚Kurse zur Sprachförderung' für Migranten gefordert. Durch Einsatz der Kreuztabelle konnte aber gezeigt werden, dass der Wunsch hauptsächlich von Personen ohne Migrationsgrund geäußert wurde. Die Migranten selbst hatten sehr wenig Interesse daran, zudem wuchsen deren Kinder fast alle mit Deutsch als Muttersprache auf. Ein solcher Kurs hätte also kaum Chancen auf Erfolg gehabt.

4.3.3 Wie ist mein Rücklauf zu bewerten?

Die statistischen Basics haben Sie spätestens jetzt erlernt bzw. aufgefrischt. Berechnen Sie zunächst also den Rücklauf: Wie viele Bögen haben Sie verteilt? Teilen Sie den Wert durch die Summe der insgesamt ausgegebenen Bögen[21]. Eine Rücklaufquote von 100 Prozent ist unschlagbar, man spricht dann von einer Totalerhebung. Das wird in der Praxis eher die Ausnahme bilden. Werte von 20 % sind schon recht gut. Bei sozialräumlichen Untersuchungen, wo Sie weniger Einfluss auf die Verteilung haben, können auch geringere Werte noch okay sein. Überprüfen Sie dann aber, ob genügend Personen aus Ihrer Einrichtung geantwortet haben. Eine Totalerhebung in einer Einrichtung auf dem Lande mit 15 Kindern ist leichter zu erreichen, als eine Sozialraumerhebung mit 2.000 verteilten Fragebögen von der ‚nur' 100 zurückkommen (Rücklaufquote = 5 %). Wenn von den 100 Befragten aber 80 ihre Kinder in Ihrer Einrichtung haben und Ihre Einrichtung 240 Kinder hat, ist das immer noch ein tolles Ergebnis. Sie haben so ein Drittel, also 33,3 % Ihrer Eltern erreicht. Die Folgerungen in den Sozialraumthemen haben nur nicht ganz so viel Gewicht. Aber: Jede Befragung kann Tendenzen und Strömungen aufzeigen, welche für die Steuerung der Einrichtung sehr wichtig sein können.

---

[21] Vgl. Kapitel 4.1.3 und Kapitel 4.2.1.

Oft fragt bei der Vorstellung der Ergebnisse jemand, ob die Umfrage denn repräsentativ wäre, was zur nächsten Frage führt.

4.3.4 Ist meine Umfrage repräsentativ?

Repräsentativ heißt, dass eine Stichprobe, die Verhältnisse zu mindestens 95 % wiederspiegelt. Wen das näher interessiert, findet unter den Stichpunkten Vertrauens- und Konfidenzintervall bei STEFAN HAGL gut beschriebene Antworten[22]. Somit ist eine Totalerhebung immer repräsentativ. Meistens werden Sie wie o. g. wesentlich geringere Rücklaufquoten/Stichproben vorliegen haben, welche meist nicht repräsentativ sein können. Das Merkmal ist weit überschätzt und die Person, die nach der Repräsentativität gefragt hat, hat ihr statistisches Halb- bzw. Unwissen somit erfolgreich zur Schau gestellt. Verzeihen Sie ihr. Sollten Sie Ihre Probe repräsentativ planen wollen, müssten Sie viele Merkmale beachten. Haben Sie z. B. einen Anteil an Eltern mit Zuwanderungsgeschichte von 20 % und in Ihrer Stichprobe ist der Anteil völlig anders, wird das schon schwierig. Deswegen sind Ihre Daten aber nicht umsonst. Bedenken Sie, dass Ihre Ergebnisse wie in Kapitel 4.3.3 bereits genannt, nur Tendenzen und Strömungen anzeigen können, die gerade sehr hilfreich sein können.

4.3.5 Nutzung einer Tabellenkalkulation für die Auswertung

Sie haben in Kapitel 4.3.2 die notwendigen statistischen Methoden kennen gelernt. Jetzt zeige ich Ihnen, wie Sie mit Hilfe einer Tabellenkalkulation an die Ergebnisse herankommen. Das geschieht am Beispiel EXCEL. Zum besseren Verständnis haben

---

[22] Hagl 2008, S. 28 ff.

Elternbefragungen als QM-Methode

wir ein Videotutorial dazu auf www.qm-in-kitas.de hinterlegt. Als Beispiel nehmen wir uns einen ganz kurzen Fragebogen. Zuvor haben wir alle eingegangenen Fragebögen kontinuierlich nummeriert. Die erste Frage soll sein, in welche Einrichtung das Kind geht.

Abbildung 22: Fragebogenauswertung mit einer Tabellenkalkulation

Sie merken jetzt, dass das viel Tipparbeit ist. Daher sollten Sie die Ergebnisse operationalisieren. Das heißt für ‚Villa Kunterbunt' geben Sie eine ‚1' ein und für ‚Kita Pumuckl' eine ‚2'. Das reduziert die Tipparbeit enorm.

Abbildung 23: Operationalisieren von Ergebnissen

> TIPP
> Wenn Sie Ja-/Nein-Fragen haben, nehmen Sie ‚1' für ‚ja' und ‚2' für ‚nein'. Nutzen Sie dann wie u. g. die ZÄHLEWENN-Funktion mit der ‚1' am Ende für ‚ja' und der ‚2' am Ende für ‚nein'. Sie können natürlich auch eine ‚0' für ‚nein' wählen. Wenn Sie mehrere Kriterien mit Mehrfachantworten haben, nehmen Sie eine ‚1' für ‚angekreuzt'. Z. B.: Sie wünschen sich Gesundheitserziehung, Verkehrserziehung etc. Dann können Sie die Häufigkeiten einfach mit der Summenfunk-

tion berechnen. Die Syntax lautet:
=SUMME(B2:B6). Es werden so die Zahlen im Bereich B2 bis B6 addiert.

	A	B	C	D	E
1	FB-Nummer	3.1 Verkehrserziehung	3.2 Gesundheitserziehung	Aktionstage nur für Kinder	Aktionstage für Eltern und Kinder
2	1	1	1		1
3	2		1	1	
4	3				
5	4		1		
6	5			1	1
7					
8					
9	Häufigkeiten	2	2	2	1

Abbildung 24: Beispiel zur Auswertung einer Frage mit Mehrfachnennungen

Ziehen Sie mit der Maus am kleinen Quadrat unten rechts am markierten Kästchen und ziehen Sie die Formel bis zur Zeile E. So wird die Formel automatisch für die Bereiche C2 bis C6, D2 bis D6 und E2 bis E6 übernommen.

Und jetzt hilft Ihnen EXCEL enorm. Je mehr Fragebögen Sie haben, desto höher die zeitliche Zählersparnis. EXCEL bietet eine Funktion die ‚ZÄHLEWENN'-heißt. Sie können die Syntax direkt in die Zelle eingeben. Alternativ können Sie das ‚Formelzeichen' ‚fx' aufrufen. Da werden Sie Schritt für Schritt durch die einzelnen Aspekte geführt. Da das in jeder Version anders ist, beschränken wir uns auf die direkte Syntaxeingabe.

Eine Funktion beginnt in EXCEL immer mit einem Gleichheitszeichen. Die Syntax, um die Anzahl der ‚Villa Kunterbunt'-Teilnehmer zu erhalten, lautet also: =ZÄHLENWENN(B2:B6;1)

Das Zeichen ‚=' bedeutet, dass die Funktion beginnt. ZÄHLEWENN ist der Name der Funktion. Dabei werden alle beschriebenen Zellen (hier B2 bis B6) nach dem Kriterium ‚1' durchsucht. Um die Personen herauszufinden, die in der ‚Kita Pumuckl' sind, ändern wir in der Formel die hintere ‚1' gegen eine ‚2' ab. Hier sehen Sie das Ergebnis.

Elternbefragungen als QM-Methode

Abbildung 25: ZÄHLENWENN-Funktion im Einsatz

EXCEL kann noch mehr. Bei nominal-skalierten Werten können wir den Modalwert berechnen. Sie erinnern sich, das war der Wert, der am meisten vorkommt. Da kennt EXCEL die Funktion Modalwert. Die Syntax lautet wie folgt:
=MODALWERT(B2:B6)
‚=' gibt wieder den Beginn der Funktion an, ‚Modalwert' berechnet den Wert, der im nachstehenden Feld (B2 bis B6) am häufigsten vorkommt. Und das ist (mit drei Nennungen) die ‚1'.

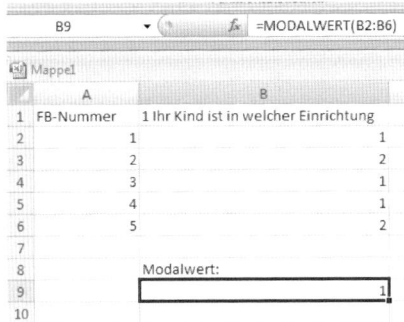

Abbildung 26: Modalwert-Funktion im Einsatz

Der Median und der Mittelwert lassen sich ebenfalls mit EXCEL berechnen. Nehmen wir dazu eine metrisch-skalierte Antwort, nämlich die Frage, wie viel die Eltern bereit wären für ein Angebot zu bezahlen. Die Antwort ist metrisch-skaliert, da der Abstand zwischen 2 und 3 € genauso groß ist wie zwischen 8 und 9 €. Die Syntax für den Median lautet:

=MEDIAN(B2:B6)

Wie immer: ‚=' bedeutet Beginn einer Formel und ‚MEDIAN' ist der Name gefolgt von dem zu sortierenden Feld (hier B2 bis B6). Der Median sortiert intern die Werte der Reihe nach (hier: 3, 3, 10, 15, 20) und nennt den Wert, der sortiert genau in der Mitte steht. Bei geraden Werten bildet die Funktion exakt den Mittelwert aus den beiden mittigen Werten.

Abbildung 27: MEDIAN-Funktion

Analog funktioniert das mit dem Mittelwert. Die Syntax lautet:

=MITTELWERT(B2:B6). Es werden dabei intern alle Werte addiert. Die Summe beträgt somit 51. Sie wird dann von EXCEL durch die Anzahl (5) geteilt. Im Feld (hier B9) wird sofort der Mittelwert von 10,2 wird angezeigt.

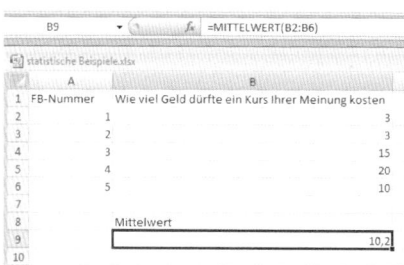

Abbildung 28: MITTELWERT-Funktion

Die komplizierten Verfahren Varianz und Standardabweichung lassen sich so lösen: Zur Berechnung der Varianz nutzen Sie die Syntax:
=VARIANZEN(B2:B6)
(Achtung, die ebenfalls vorhandene Funktion ‚VARIANZ' berücksichtigt nicht Häufigkeiten der einzelnen Abweichungen und ist daher, weil wir es hier mit der Grundgesamtheit zu tun haben, nicht zu beachten!)
Von den Werten in den Feldern B2 bis B6 wird automatisch der Mittelwert abgezogen. Dann wird das Ergebnis quadriert. Alle quadratischen Abweichungen werden wie gewohnt aufaddiert und durch die Anzahl der Nennungen geteilt:
‚^2' heißt dabei ‚zum Quadrat' bzw. ‚hoch zwei'.
$((3-10,2)^2 + (3-10,2)^2 + (15-10,2)^2 + (20-10,2) + (10-10,2)^2)/5 = 222,8/5 = 44,56$.

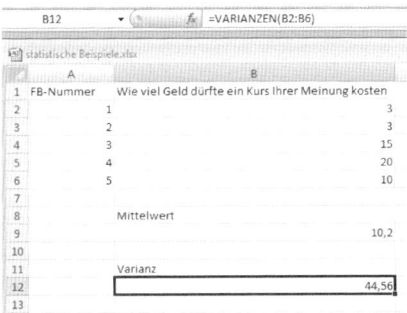

Abbildung 29: VARIANZEN-Funktion

Die Standardabweichung ist nur die Wurzel aus der Varianz. Sie beträgt im konkreten Fall 6,67. In EXCEL erhalten Sie die Standardabweichung einfach durch die Syntax =STABWN(B2:B6).

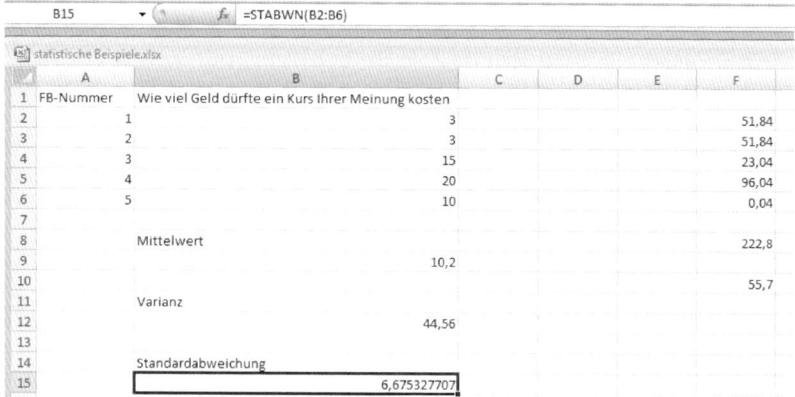

Abbildung 30: Standardabweichung

Zwei zusätzliche interessante Funktionen könnten MIN und MAX sein, die ihnen den höchsten und niedrigsten Wert eines Feldes nennen.

Die Syntax lautet:

=MIN(B2:B6) bzw. MAX(B2:B6) zur Berechnung des Minimums oder des Maximums.

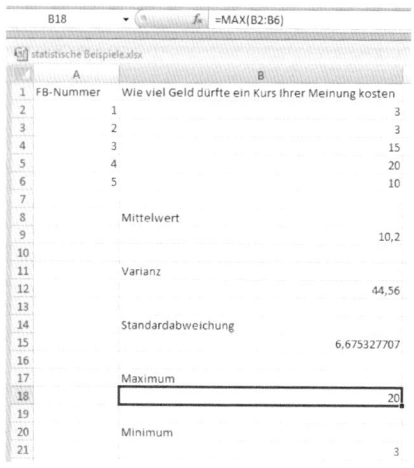

Abbildung 31: MIN- und MAX-Funktion

Auszählungen für Kreuztabellen gestalten sich etwas schwieriger. Das Stichwort hier lautet PIVOT-Tabellen. Hier stelle ich die Erstellung einer PIVOT-Tabelle/Kreuztabelle am Beispiel EXCEL 2007 vor. Auf unserer Website www.qm-in-kitas.de finden Sie das als Videotutorial zusätzlich noch in den Fassungen EXCEL 2000 und OPENOFFICE CALC 3.2

Gehen wir zunächst von einer Abfrage des Geschlechtes und des Zeitaufwandes des Berufes (Teilzeit/Vollzeit) aus.

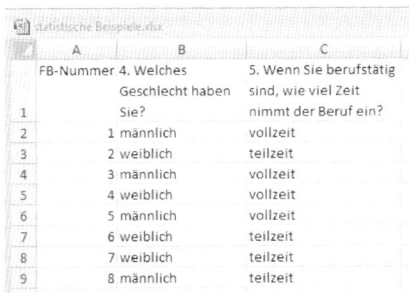

Abbildung 32: Ursprung einer PIVOT-Tabelle

Uns interessieren die Unterschiede zwischen Männern und Frauen. Dazu markieren Sie die Datenfelder inklusive der Überschriften von B1 bis C9. Klicken Sie dann in der Menüleiste auf den Reiter ‚Einfügen' und anschließend auf PIVOTTABLE.

Abbildung 33: Tabulator Einfügen – Symbolleiste in EXCEL 2007

Es öffnet sich der folgende Dialog. Der markierte Bereich in der Arbeitsmappe Tabelle 1 ist eingetragen. Klicken Sie dann auf ‚OK' ... Es öffnet sich ein neues Arbeitsblatt.

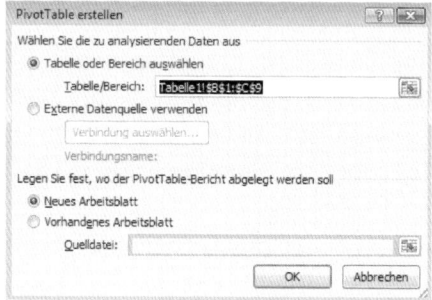
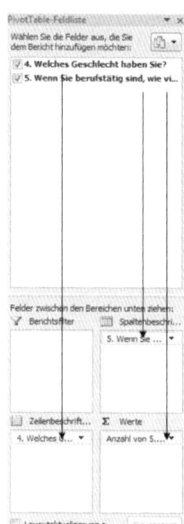

Abbildung 34: Dialog Pivot-Tabelle

Abbildung 35: Pivot-Feldliste

Wählen Sie zunächst die beiden Felder aus. Ziehen Sie mit der Maus den ersten Bereich mit der Frage nach dem Geschlecht in das Feld ‚Zeilenbeschriftung'. Das andere Feld mit der ‚Art der Berufstätigkeit' ziehen Sie ein Mal in das Feld ‚Spaltenbeschriftung' und noch ein Mal in das Feld ‚Werte'. Excel erstellt dann automatisch eine Kreuztabelle. Das ist besonders übersichtlich, wenn Sie viele Fragebögen haben, weil dann wenige Zahlen das Ganze beschreiben.

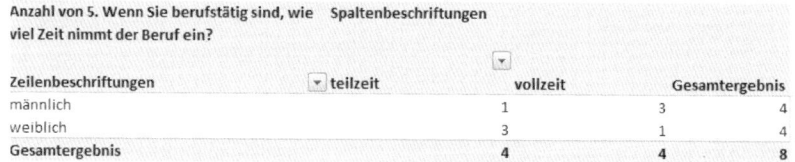

Abbildung 36: Fertige Kreuztabelle

Somit sind Sie nun in der Lage, alle in Kapitel 4.3.2 vorgestellten statistischen Methoden gekonnt in die Praxis umzusetzen.

4.3.6 Visualisierung der Ergebnisse

Die von Ihnen aufgearbeiteten Ergebnisse sollten Ihrem Publikum (Team, Träger, Eltern, Kooperationspartner, Sozialraumpartner etc.) angepasst dargestellt werden. Das erfolgt meist in einem Bericht und für den Austausch über die Ergebnisse in einer Präsentation. Zahlen sind aber eine für viele Leser und Zuhörer schwer verständliche Materie. Lange Zahlenreihen im Anhang des Abschlussberichts ergeben Sinn, um für konkrete Steuerungssituationen noch einmal herausgesucht zu werden. Mit derselben Zahlenreihe ermüden Sie allerdings das Publikum in einer POWERPOINT-Präsentation. Weniger ist bei einer Präsentation mehr. Reduzieren Sie Ihre Daten auf das Notwendigste und vor allen Dingen visualisieren Sie sie, denn bekanntlich sagt ein Bild mehr als 1 000 Worte.

Tabellen lassen sich mit wenigen Mitteln besser lesbar machen. Verwenden Sie hier, wie bereits mehrfach erwähnt, nur eine Schriftart. Setzen Sie die Überschrift entsprechend ab. Färben Sie die Zeilen abwechselnd, denn so erhalten Sie eine bessere Lesbarkeit, da das Auge sich nicht plötzlich in einer anderen Zeile wiederfindet.

Erstellen Sie die Tabellen in Ihrer Tabellenkalkulation und kopieren Sie sie in Ihre Textverarbeitung. Diese bieten meist schon gelungene Vorgaben für das Layout[23]. Suchen Sie jene heraus, die farblich am besten zu Ihrer CI (vgl. Kapitel 4.1.9.) passt. Die Schriften sollten sich kontrastreich vom Hintergrund absetzen.

---

[23] Z. B. bei WORD unter dem Reiter ‚Entwurf', der erscheint, sobald die Tabelle markiert ist.

Qualitätsmanagement in Kindertageseinrichtungen

Gründe für die Kita-Auswahl	Nennungen	Anteil an GG
Lage	80	73,4 %
pädagogisches Konzept	35	32,1 %
Guter Ruf der Einrichtung	30	27,5 %
Religionspädagogisches Konzept	15	13,8 %
konzeptioneller Schwerpunkt	12	11,0 %
sonstiges	8	7,3 %
Öffnungszeiten	3	2,8 %

Gründe für die Kita-Auswahl	Nennungen	Anteil an GG
Lage	80	73,4 %
pädagogisches Konzept	35	32,1 %
Guter Ruf der Einrichtung	30	27,5 %
Religionspädagogisches Konzept	15	13,8 %
konzeptioneller Schwerpunkt	12	11,0 %
sonstiges	8	7,3 %
Öffnungszeiten	3	2,8 %

Abbildung 37: Dunkles Tabellenlayout

Abbildung 38: Helles Tabellenlayout

Wenn Sie den Bericht in Schwarz-Weiß ausdrucken lassen wollen, wählen Sie ein helleres Design, besonders wenn Sie ihn in Ihrer Einrichtung ausdrucken müssen, um Tinte zu sparen. Sortieren Sie die Inhalte auf- bzw. absteigend. Beachten Sie zusätzlich die Tipps zur Visualisierung in Präsentationen (vgl. Kapitel 4.3.8).

Diagramme sind eine sehr gute Methode, Zahlen zu visualisieren. Die Tabellenkalkulationsprogramme wie EXCEL und CALC bieten eine Vielzahl zur Auswahl. Nicht jede Diagrammart ist aber für jeden Inhalt gleich gut geeignet. Klicken Sie in den neuen OFFICE-Versionen einfach auf den Punkt ‚Einfügen' in der Menüleiste.

Abbildung 39: Diagrammerstellung in den neueren Office-Versionen

Verzichten Sie bei allen Diagrammen auf unnötige 3D-Effekte, da sie oft die Werte ungenau darstellen. Nutzen Sie keine verkleinerten Maßstäbe, um Ergebnisse zu verzerren (Krämer 2008, S. 44 ff.). Dazu ein Beispiel mit gleichen Zahlen und unterschiedlichen Präsentationen. Zu einem Thema gibt es 50

Gegner und 100 Befürworter. Das würde man regulär so darstellen. Das Verhältnis ist 1 zu 2 mit 50 zu 100.

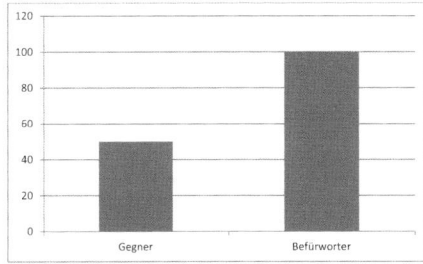

Abbildung 40: Optische Verfälschung von Ergebnissen: Original

Möchte ich den Eindruck erwecken, dass die Befürworter mehr Gewicht bekommen, beginnt man den Maßstab erst mit 40 statt mit 0 und beendet ihn mit 100. Das Verhältnis ist optisch plötzlich bei 1 zu 6.

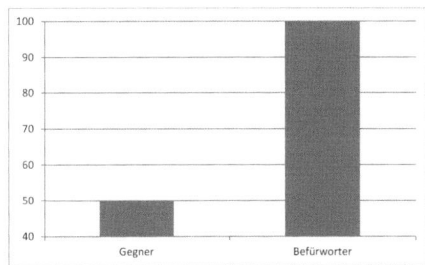

Abbildung 41: Optische Verfälschung von Ergebnissen: Befürworter stehen besser da.

Den gegenteiligen Eindruck erhalte ich, wenn ich den oberen Grenzwert erhöhe und den unteren bei 0 belasse. Das Verhältnis bleibt 1 zu 2, aber die geringen Höhen reduzieren die Bedeutung der Befürworter.

Bitte verzichten Sie auf solche Tricks, stellen Sie die Daten möglichst neutral dar.

Qualitätsmanagement in Kindertageseinrichtungen

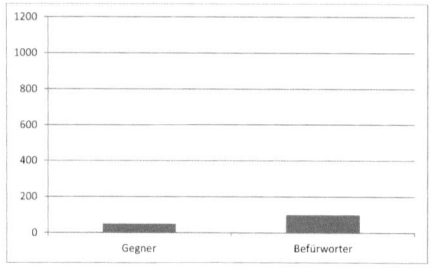

Abbildung 42: Optische Verfälschung von Ergebnissen: Fast ausgeglichene Situation

Im Folgenden werden die gängigen Diagrammtypen an Praxisbeispielen veranschaulicht. Das Säulendiagramm kennen Sie alle von den Hochrechnungen bei Wahlen im Fernsehen. Es werden pro Einheit/Frage-Item die Werte nach oben dargestellt. In der Regel reichen die drei von EXCEL oben genannten Typen von Säulendiagrammen aus. Diese heißen ‚Gruppierte Säulen', ‚Gestapelte Säulen' und ‚Gestapelte Säulen 100 %'.

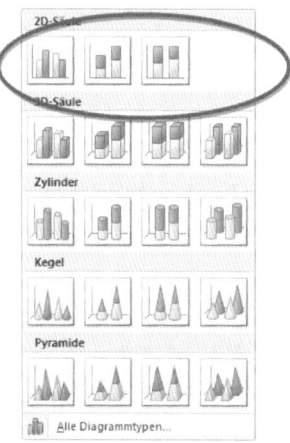

Abbildung 43: Arten von Säulendiagrammen

Einrichtung	Anzahl der zurückgegebenen Bögen
Kita Rappelkiste	39
Kita Maulwurf	45
Villa Kunterbunt	32

Tabelle 20: Tabellenbeispiel Rücklauf

Aus der folgenden Tabelle wird, wenn Sie sie markieren und auf Einfügen > Diagramme > Säulendiagramm-2D-Säule > Gruppierte Säule klicken, somit das nachfolgende Diagramm:

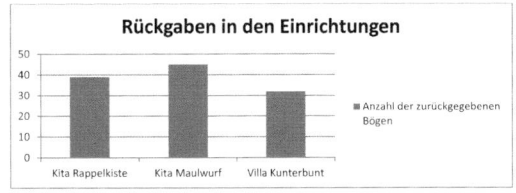

Abbildung 44: Beispiel der Anwendung eines Säulendiagramms

Will man zwei unterschiedlich große Gruppen vergleichen, ergibt die Diagrammart ‚Säulendiagramm Gruppierte Säule 100 %' Sinn. Dazu ein praktisches Beispiel. Zugrunde liegt die folgende Tabelle:

Geschlecht	Vollzeit	Teilzeit
Männer	136	9
Frauen	14	102

Tabelle 21: Tabellenbeispiel Arbeitszeiten

Aus einem normalen Säulen-Diagramm erschließen sich noch nicht alle Informationen. Hier wird zunächst ein gestapeltes Gruppendiagramm genutzt[24]:

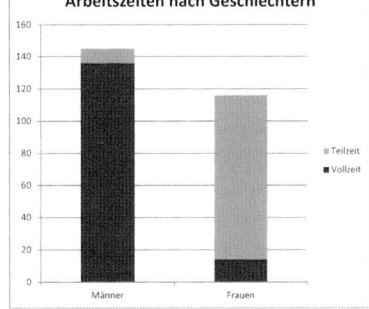

Abbildung 45: Stapelung bei Säulendiagrammen

---

[24] Sollten die Daten in der Zeile und Spalte vertauscht sein, also in diesem Beispiel unten ‚Vollzeit' und ‚Teilzeit', klicken Sie mit der rechten Maustaste auf das Diagramm, dann auf ‚Daten auswählen' und klicken Sie dann auf ‚Zeile/Spalten wechseln'.

Aus dem Diagramm geht wohl hervor, dass wir mehr Daten über die Männer erreicht haben und dass der Anteil der in Teilzeit arbeitenden Männer geringer ist. Um die Anteile aber besser vergleichen zu können, lohnt sich der dritte Typ ‚Gestapelte Säule 100 %'.

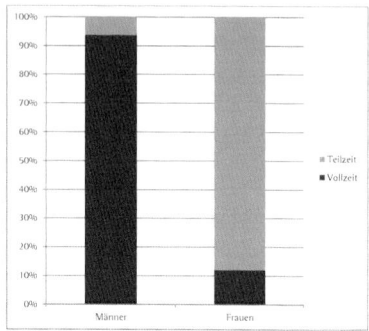

Abbildung 46: Stapeldiagramm mit 100 %

Hier sind die Anteile sofort ersichtlich. Über die Menüleiste ‚Layout' lassen sich bei allen Diagrammtypen noch der Diagrammtitel, der Achsentitel, die Legende und die Datenbeschriftung optimieren.

Abbildung 47: Legende zur Diagrammformatierung

Ein weiteres Praxisbeispiel für den Einsatz eines Säulendiagramms wäre die Abfrage der Uhrzeiten für Bildungsangebote:

Abbildung 48: Säulendiagramm für Uhrzeiten

Die Balkendiagramme funktionieren analog zu den Säulendiagrammen, sind dabei aber um 90° gedreht. Sie eignen sich besonders für Rankings. Dafür muss die Tabelle verkehrt aufsteigend sortiert sein. Das kann man unter dem Menüpunkt ‚Daten' > Sortieren einstellen. Markieren Sie zuvor die gewünschten Zellen.

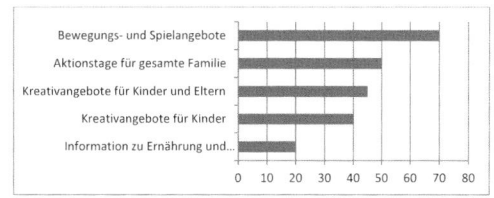

Tabelle 22: Tabelle Veranstaltungsarten als Vorlage für Balkendiagramme

So sollte die fertige Tabelle in etwa aussehen.
Daraus ergibt sich das folgende Ranking-Balkendiagramm.

Abbildung 49: Balkendiagramm Veranstaltungsarten

So sind die Tops oder Flops sofort erkennbar.
Handelt es sich um Zeitreihen, z. B. bei der Analyse der Frage, seit wann Personen mit Zuwanderungsgeschichte in der Bundesrepublik leben, eignet sich der Diagrammtyp Liniendiagramm.

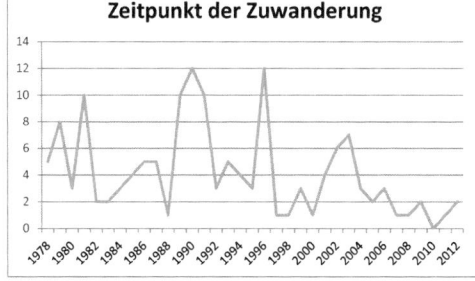

Abbildung 50: Liniendiagramm für Zeitleisten

Der Typ ‚Kreisdiagramme' rundet das Portfolio ab. Er ist besonders geeignet, wenn Anteile auf einen Blick dargestellt werden sollen. Beispiele wären der Anteil an Migranten, die Altersstruktur der Kinder nach Klassen (0-3 Jahre, 3-6 Jahre etc.) oder die Struktur der Familienverhältnisse (verheiratet, Alleinerziehende, Patchwork-Family etc.). Dabei können die Kategorie, die Absolutangabe und der Prozentwert mit angezeigt werden.

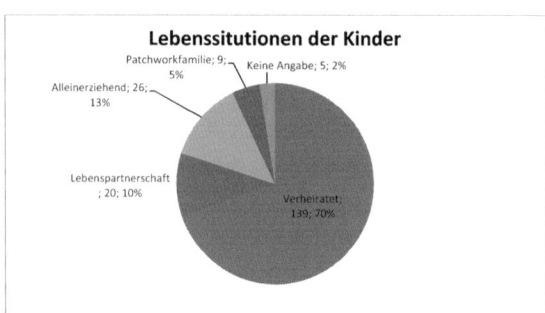

Abbildung 51: Kreisdiagramm Lebenssituationen

Natürlich können Ergebnisse alternativ durch passende Bilder, Cartoons oder Fotos dargestellt werden. Hierzu folgen mehr Infos im Kapitel 4.3.8.

4.3.7 Erste Analyse und Erstellung des Berichtes

Die Fragen sind nun ausgewertet. Die Zahlen, Tabellen und Diagramme liegen auf dem Tisch. Es folgt die Bewertung und Analyse der Bedeutung. Bewerten Sie nun mit Hilfe der Kennzahlen aus Kapitel 4.3.3 den Rücklauf. Überprüfen Sie, ob Sie Ihre Zielgruppe erreicht haben. Sehen Sie sich die statistischen Daten zur Lebenswelt (Alter, Anzahl Kinder, Migrationshintergrund, Verteilung Jungen/Mädchen etc.) in Ihrer Untersuchung an und vergleichen Sie diese mit Ihren Anmeldezahlen, Erfahrungen in der Einrichtung und eventuellen Daten, die Sie aus der örtlichen Jugendhilfestatistik gewinnen können.

Lassen Sie Platz für ein Deckblatt, das Inhaltsverzeichnis, ein Abbildungsverzeichnis, ein Tabellenverzeichnis und ggf. ein Abkürzungs- und Symbolverzeichnis. Wenn Sie in Ihrer Textverarbeitung die Texte richtig formatieren („Überschrift 1', ‚Überschrift 2' etc.) und Beschriftungen für Tabellen und Abbildung (Bei WORD 2007 in der Menüleiste: Verweise > Beschriftung) verwenden, können Sie die Verzeichnisse alle mit einem Mausklick am Schluss Ihrer Studie erstellen (Verweise > Inhaltsverzeichnis und Verweise > Abbildungsverzeichnis einfügen).

Beginnen Sie inhaltlich mit einer Projektskizze, nennen Sie Beteiligte und zeitliche Rahmenbedingungen. Bewerten Sie in einem zweiten Schritt Ihren Rücklauf, also auf ihre zugrundeliegende Grundgesamtheit. Arbeiten Sie anschließend die Fragen, so wie sie im Fragebogen standen, nacheinander ab. Stellen Sie dann die Ergebnisse möglichst neutral und unkommentiert dar. Weisen Sie auf interessante Ergebnisse hin (z. B. ‚In der Befragung konnten prozentual mehr Personen mit Migrationshintergrund erreicht werden, als es die Realität in unserer Einrichtung wiederspiegelt'). Gab es bereits eine vorherige Untersuchung, können Sie in einem weiteren Teil diese miteinander vergleichen.

Fassen Sie die ausführlichen Ergebnisse in einer Zusammenfassung mit ein oder zwei Sätzen pro Frage zusammen (nicht jeder Träger liest sich alle Seiten Ihrer Arbeit durch).

Überlegen Sie in einem letzten Schritt, welche Folgerungen sich aus der Befragung ergeben könnten (z. B. ‚Die Befragung zeigte, dass ein großer Teil der Eltern mit dem Zustand des Spielplatzes sehr unzufrieden sind. Es ist zu überlegen, wie sich hier eine Verbesserung erreichen lässt.' oder ‚Die Eltern sind mit der Beratung der Erzieherinnen sehr zufrieden. Die eingesetzten QM-Standards für Elterngespräche (vgl. Kapitel 3.5.1) waren erfolgreich und sollten fortgeschrieben und verbessert werden, um das hohe Niveau zu halten.').

Ein Anhang rundet das Ganze ab. In ihn gehört der Fragebogen selbst mit allen Fassungen (deutsch, türkisch, russisch etc.), wichtige Tabellen, die für den Hauptteil zu groß sind und ggf. ein Literaturverzeichnis.

Haben Sie Adressen in der Befragung abgefragt (vgl. Kapitel 4.1.6), sollten Sie sie in eine eigene Datei schreiben. Trennen Sie sie vom Bericht, damit Sie ihn, ohne mit dem Bundesdatenschutzgesetz (BDSG) in Konflikt zu kommen, an Dritte weitergeben können.

Kontaktieren Sie die Eltern zeitnah und danken ihnen für ihre Hilfsbereitschaft. Wenn Sie sich erst nach einem Jahr melden, werden sich die meisten schon gar nicht mehr an ihre Zusage erinnern können. Das zeitnahe Kontaktieren zeigt Ihre Zielstrebigkeit, Entschlossenheit und Ihr gelungenes Zeitmanagement.

Der Bericht sollte dann nicht ins Regal abgelegt werden und verstauben. Nutzen Sie ihn für Ihre weiteren Steuerungen. Er kann Sie in der Argumentation gegenüber Trägern, Ämtern, Eltern oder Kooperationspartnern sehr unterstützen. Vielleicht beschäftigten sich ein oder zwei Arbeitsgruppen mit verschiedenen Schwerpunkten aus dem Bericht und leiten daraus neue Handlungsempfehlungen ab.

4.3.8 Präsentationen

Der Bericht ist geschrieben. Der größte Teil der Arbeit liegt hinter Ihnen. Nicht jeder wird aber die Zeit haben, die 40, 50 mit Anhang vielleicht schnell über 100 Seiten zu lesen. Bereiten Sie die Kernergebnisse interessant auf und teilen Sie möglichst vielen Personen Ihre Ergebnisse mit. Die Mühen sollen sich schließlich gelohnt haben. Meist wird Ihnen eine Zeit vorgegeben sein. Kalkulieren Sie aber immer ein, kürzer oder länger referieren zu können. Informationen haben Sie sicher, um ein paar Stunden füllen zu können. Zeiten zwischen 20 und

45 Minuten werden aber eher die Regel sein. Stellen Sie sich zudem die Situation vor, dass Sie Ihren höchsten Chef im Fahrstuhl treffen und nur eine Minute Zeit haben, ihm die wichtigsten Fakten zu präsentieren. Üben Sie auch das. So können Sie, wenn Sie die Zeit im Blick haben, immer pünktlich enden, ohne plötzlich schneller zu sprechen und wichtige Aspekte zu vergessen.

Entscheiden Sie sich, wie Sie Ihre Präsentation halten wollen. Es obliegt alleine Ihnen, wie Sie vortragen möchten und welche Hilfsmittel Sie einsetzen wollen. Der Einsatz von einer Foliensoftware wie POWERPOINT, KEYNOTE oder IMPRESS kann sinnvoll sein, aber nur wenn er die Inhalte visualisiert und unterstreicht. Er darf nicht Selbstzweck sein und von fehlenden Inhalten ablenken. Einen reinen Folienfilm mögen die wenigsten Zuschauer.

Überlegen Sie sich, wie Sie die Information am besten darstellen können. Gliedern Sie Ihren Vortrag in Begrüßung, Vorstellung des Themas, Durchgang der Fragen, Vergleichsstudie, Ausblick oder einfacher: in Einleitung – Hauptteil – Schluss. Enden Sie mit einer Zusammenfassung der wichtigsten Punkte, treu dem Motto ‚Sie wissen jetzt Bescheid über …' und denken Sie an die Kurzzusammenfassung für Ihren Chef im Fahrstuhl. Und achten Sie insgesamt auf Ihre Redezeit! Üben Sie den Vortrag am besten vor einer konstruktiv-kritischen zweiten Person. Sie wissen ja jetzt, dass Feedback ein wichtiges Geschenk ist.

Wenn die Vortragsstruktur steht, kümmern Sie sich um die mögliche Visualisierung Ihrer Thesen, Aussagen etc. Die Folien sollten wie aus einem Guss wirken. Das gelingt durch einen gleichen Bildaufbau (z. B. Bilder immer links, Texte rechts), gleiche Schrift und gleiche Farben. In den meisten Programmen können Sie eine Masterfolie erstellen, die dann für alle weiteren Folien einheitlich gilt. Dunkle Schriften auf hellem Grund sind am Beamer am besten zu lesen. Wenn Sie Fotos oder Bilder verwenden, nutzen Sie aber ruhig die ganze Folie. Das Element soll wirken und nicht Ihr Logo mit Ihrem Namen, das auf den anderen Folien bereits immer zu sehen ist.

Präsentieren Sie so wenig Text wie möglich. Die Leute wollen hören, was Sie sagen und nicht ablesen. Viele benutzen leider die Präsentation immer zeitgleich als Handout und da liegt das Problem. Ein Handout soll mich im Nachhinein an das Gesagte erinnern. Da darf Text stehen. Eine Visualisierung während der Präsentation soll aber mein Gesagtes beim Zuhörer unterstützen. Das ist ein ganz anderer Zweck. Es gilt als Ziel: Nicht nur zu sprechen, sondern (die Zuhörer) anzusprechen. Dadurch erzeugen Sie eine interessierte Stimmung unter Ihren Gästen. Ich gebe im Anschluss an meinen Vortrag meist ein Handout heraus, in dem in der linken Marginalspalte ein Screenshot der Folien zu sehen ist und daneben stehen meine Erläuterungen. Bei der Technik haben Sie den Vorteil, dass sich die Inhalte besser einprägen. Da man am besten immer bei sich selber abschreibt, kann man für das Handout sehr gut Teile aus der Zusammenfassung des Berichtes nutzen (vgl. Kapitel 4.3.7).

Es folgen ein paar Zeilen zur Visualisierung der Ergebnisse. Nehmen wir an, als Beispiel möchten Sie die Inhalte der Abbildung 49 vermitteln. Möchten Sie betonen, dass Bewegungs- und Spielangebote am beliebtesten waren, markieren Sie diesen Balken in einer anderen Farbe oder in schwarz. Grauen Sie die anderen Balken aus. Sollten Sie mehr als sechs Punkte haben, lassen Sie die mittleren weg und konzentrieren Sie sich auf die ersten und die letzen drei.

Noch besser ist es, Sie lassen das Diagramm weg und nehmen wenn möglich ein Bild oder ein Foto von sich bewegenden Kindern beim Spielen. Bilder bleiben besser im Gedächtnis Ihres Publikums haften. Arbeiten Sie dabei gerne mit Gegensätzen: Nehmen Sie ein Bild, auf dem Kinder im Mittelpunkt spielen und auf dem im Hintergrund Jugendliche Fastfood essen und rauchen. So können Sie vom Top-Punkt ‚Bewegungs- und

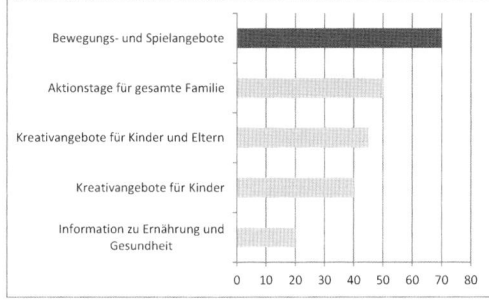

Abbildung 52: Balkendiagramm Veranstaltungsarten – Optimierung 1

Spielangebote' auf den letztgenannten Punkt ‚Informationen zu Ernährung und Gesundheit' hinweisen. Erzählen Sie, bevor das Bild kommt, was gleich zu sehen ist. Die Zuschauer machen sich ein Bild im Kopf und durch das gezeigte Bild werden die beiden Bilder miteinander verglichen. So bleiben diese länger im Gedächtnis. Fotografieren Sie so viel wie möglich bei Veranstaltungen, dann haben Sie recht bald ein sehr gutes Archiv. Seien es Wolken als Folienhintergründe, Kinder auf dem Spielplatz, Elterncafés etc. Lassen Sie sich am besten bei der Anmeldung der Kinder unterschreiben, dass in der Einrichtung ab und an fotografiert, gefilmt etc. wird und dass die Eltern mit einer Veröffentlichung der Bilder einverstanden sind. Sollten Sie keine passenden Fotos haben, können Sie solche für wenig Geld (ab € 1.00) z. B. bei fotolia.com oder istockphoto.com – thematisch sortiert – erwerben. Achten Sie dabei darauf, ob die jeweilige Nutzungslizenz für das Foto Ihr Vorhaben abdeckt.

Nutzen Sie weitere Medien. Wenn Sie z. B. über Ihren Sozialraum berichten, nutzen Sie eine Fotocollage mit Stadtteilbildern oder eine Karte der Umgebung, auf der Sie mit Fähnchen die wichtigsten Kooperationspartner gekennzeichnet haben.

Weitere Tipps für gelungene Folienpräsentationen finden sich im Buch ‚ZEN oder die Kunst der Präsentation. Mit einfachen Ideen gestalten und präsentieren' von GARY REYNOLDS (2008).

Nutzen Sie die im Kapitel 4.1.9 vorgestellten Gestaltungsgesetze. Zentrieren Sie nicht einfach alles. Daran erkennt man in der Regel Anfängerfolien. Teilen Sie die Folie in neun gleichgroße Felder auf. Das nennt man ‚Drittelregel'. Sie kommt dem goldenen Schnitt, dem so genannten ‚göttlichen Verhältnis' am nächsten und entspricht am ehesten unseren Sehgewohnheiten. Sollten Sie z. B. Strand und Meer fotografieren – da funktioniert das genauso – nutzen Sie die unteren zwei Drittel für den Strand, das obere Drittel für den Himmel und Ihr Motiv richten Sie am besten rechts oder links an den Schnittpunkten aus. Die Schnittpunkte sind die Regionen, die von unseren Augen als besonders wichtig wahrgenommen werden. Nutzen Sie nur eine, max. zwei Schriftarten und beachten Sie die bereits erwähnten Regeln der Farbauswahl.

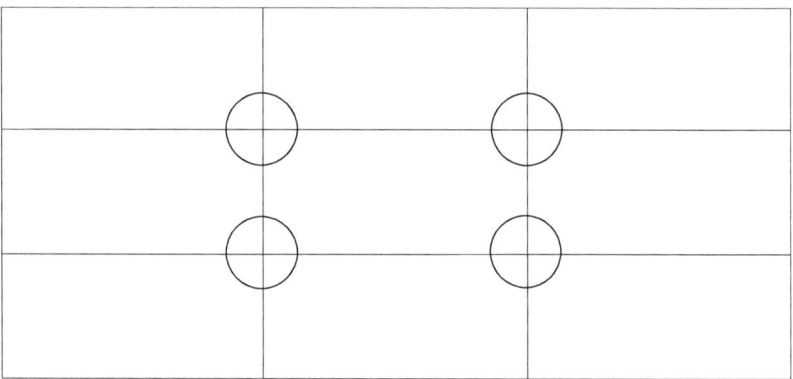

Abbildung 53: Aufteilung einer Folie nach der Dreiregel

Wenn Sie technische Unterstützung benutzen, seien Sie früh genug da und testen Sie das Zusammenspiel von Laptop und Beamer. Auf der Website www.qm-in-kitas.de erhalten Sie eine Checkliste, in der die wichtigsten Fehlerquellen beim Anschließen genannt sind. Verdunkeln Sie den Raum nicht zu sehr, da die Zuhörer dann leichter ermüden. Falls Sie ein Mikrofon nutzen, beachten Sie beim Soundcheck, also dem Testen der Lautstärke und Hörbarkeit, dass der Lautstärkepegel in einem leeren Raum im Vergleich zu einem gefüllten Raum leiser sein kann. Wenn ein Zuschauer ‚Lauter!' schreit, fragen Sie zurück ‚Sie oder Ich?'. Damit haben Sie das Publikum schon auf Ihrer Seite[25].

Sollte das Mischpult einen Equalizer haben, achten Sie darauf, dass die Werte für Höhen (Hi), Mitten (Hi-Mid, Low-Mid) und Bässe (Low) auf 0 stehen. Reduzieren Sie ggf. sogar Bässe und Mitten, in dem Sie sie von der Mittelstellung nach links drehen. Erhöhte Mitten sorgen häufig für Rückkoppelungen. Halten Sie zur Vermeidung von solchen das Mikro nicht vor die Boxen. Sollten Sie ein Funkmikro benutzen, so lassen Sie vorher frische Batterien einlegen, damit nicht während der Präsentation das Mikro ausfällt.

Abbildung 54: Englische-Einstellung am Drei-Band-Equalizer

---

[25] Eine gelungene Sammlung nicht nur für Zauberkünstler mit Sprüchen bei Störern finden Sie in dem Buch ‚Humor für Zauberkünstler. Eine beispiellose Sammlung von Gags, Sprüchen und Zitaten' von WOLFGANG MAY (2005).

Achten Sie auf eine gute Raumtemperatur und lüften Sie den Raum vorher.

Sprechen Sie am besten frei, etwas langsamer als sonst und deutlich. Passen Sie Ihr Sprachniveau dem Publikum an, aber ohne sich anzubiedern. Halten Sie einen Vortrag vor pädagogischen Fachkräften, können Sie viele Fachbegriffe voraussetzen, die Sie vielleicht Eltern erst erklären sollten.

Machen Sie Pausen. Zur Unterstützung der freien Rede können Sie Karteikarten mit Stichpunkten verwenden. Sollten Sie zu ‚Lampenfieber' neigen, schreiben Sie sich auf die erste Karte Ihre Begrüßung wortwörtlich auf. Nummerieren Sie sich die Karten für den Fall, dass Sie Ihnen auf den Boden fallen. Haben Sie eine Notfallkarte parat. Die kann eine andere Farbe haben und auf der machen Sie sich Hinweise für einen evtl. Blackout (‚Tief durchatmen', ‚Vorfall als etwas ganz Menschliches und Normales einstufen', ‚Auf Kommentierung des Geschehenen verzichten', ‚Thema der Präsentation wiederholen', ‚Freundlich lächeln', ‚Auf die Gliederung zurückkommen', ‚Weitermachen' etc.). Nehmen Sie sich ein Glas Wasser mit wenig Kohlensäure mit an das Rednerpult und verzichten Sie kurz vorher auf Citrus-Bonbons oder -Früchte, da sie im Mund schneller zu Trockenheit führen. Ebenso empfehlenswert ist es, Kekse zu meiden, da ihre Krümel Hustenreiz auslösen können. Kaffee und Zigaretten können sich, da sie faktisch die Nervosität steigern, ebenfalls negativ auf Ihren Vortrag auswirken[26].

Halten Sie sich positive Bilder vor Augen. Wenn Sie das negative Bild ‚Ich stolpere bestimmt über das Mikrofonkabel' haben, wird Ihr Gehirn alles unternehmen, damit sich das Bild bestätigt. Also besser: ‚Ich gehe da taff rauf und werde die Leute bestmöglich mit meinem Vortrag unterhalten. Die gewonnenen Erkenntnisse werden uns weiterbringen'.

---

[26] Stoica-Klüver, Klüver 2007, S. 69.

Sammeln Sie Fragen aus dem Publikum an einer Wand mit Karteikarten, Stattys-Karten[27] oder Post-its und beantworten Sie sie am Ende oder geben Sie diese zurück ans Publikum zur Diskussion. So haben Sie genug Zeit zum Antworten. Machen Sie sich bei strittigen Themen Gedanken, auf welche Vorwürfe Sie reagieren müssen. Machen Sie sich vor allem positive Gedanken, wie Sie sich fühlen dürfen, wenn Sie über den fleißigen Einsatz von Ihrem Team und sich berichten haben. Seien Sie stolz auf sich und bedenken Sie stets: Die Person, die sich am besten mit den Daten auskennt sind Sie! Weitere Tipps zum Thema Präsentation finden sich in dem Buch ‚Erfolgreich Präsentieren für Dummies' von MALCOLM GUSHNER[28].

4.3.9 Öffentlichkeitsarbeit

Mit der Präsentation informieren Sie neben dem Träger und den Kooperationspartnern besonders die Eltern. Nutzen Sie die Präsentation zur weiteren Öffentlichkeitsarbeit. Laden Sie die Presse zur Präsentation ein oder nutzen Sie die Pressestelle Ihres Trägers. Sie haben eine aufwändige Arbeit geleistet und die soll nun bekannt werden nach dem Marketinggrundsatz ‚Tue Gutes und rede darüber!'. Schreiben Sie selbst einen kurzen Bericht und halten Sie ihn ggf. elektronisch als PDF-Datei[29] z. B. auf Ihrer Website parat. Die meisten Journalisten tippen nicht gerne alles noch einmal ab. Für die schriftliche Presseinformation selbst nutzen Sie in Ihrer Textverarbeitung einen großen (2-fachen Absatz) und lassen Sie mindestens die Hälfte der Seite Rand, damit die Journalisten Platz für ihre Kommentare und Stichworte haben. Es sind oft die Kleinigkeiten, wie eine nette

---

[27] Stattys sind elektrostatisch aufgeladene ‚Zettelchen', die auf jedem Untergrund haften und so rückstandsfrei zu entfernen sind.
[28] Gushner 1998.
[29] Eine Anleitung dazu finden Sie im Kapitel 4.1.11.

Tasse Kaffee, die zu einem längeren Bericht führen können. Wenn Sie selbst für die Pressemitteilung zuständig sind, halten Sie Kontakt zu Ihren lokalen Journalisten, selbst wenn es mal längere Zeit keine Nachrichten aus Ihrem Hause gibt. Über eine kleine Glückwunschkarte zum Geburtstag etwa oder ein Lob zu einem guten Artikel freuen sich die meisten Journalisten. Wenn Sie eine Website betreiben oder bereits Social Media Kanäle wie FACEBOOK, TWITTER, XING benutzen, setzen Sie die Pressemitteilung auch da ein. Damit zeigen Sie Transparenz, Authentizität und dass Sie zu Ihrem QM stehen[30].

Fragen Sie sich am Ende des Prozesses, was ist gut gelaufen, was kann man optimieren. So steht einer Verbesserung der nächsten Elternumfrage nichts im Wege. Nutzen Sie aber jetzt erst einmal die Ergebnisse der Umfrage als wichtiges Steuerungswerkzeug in Ihren Entscheidungen. Ein paar Hinweise dazu finden Sie im nächsten Kapitel.

4.4 Ableitungen für die Zukunft

Einige Ergebnisse werden vielleicht sehr banal sein, hinter anderen werden komplexere und vielfältigere Bedeutungen und Herausforderungen stehen. Aus jedem Ergebnis lassen sich aber mehr oder minder schwere Folgen für das Handeln oder die Bewertung der aktuellen Situation herauslesen.

Beginnen wir mit der Bewertung des Rücklaufs (vgl. Kapitel 4.1.3 und 4.2). Ist er eher mäßig (unter 20 %), ist zu klären, warum ist der so niedrig? Bedenken Sie, dass unzufriedene Personen und sehr zufriedene eher den Fragebogen ausfüllen, als die Personen, für die das Meiste okay ist. Haben die Eltern kein

---

[30] Dox 2011, S. 60.

Interesse? Warum besteht kein Interesse? Haben wir den Nutzen des Fragebogens für die Eltern nicht genug herausgestellt? Lag der Rücklauf so niedrig, weil eine Gruppe/Einrichtung den Fragebogen nicht verteilt hat (daher kann sich eine genaue Zählung der Ein- und Ausgänge der Fragebögen sehr lohnen)? Habe ich eine sozialräumliche Untersuchung machen wollen und zu wenig Kooperationspartner gehabt? Wenn der Rücklauf hoch ist, könnte man überlegen beim nächsten Mal einen sozialräumlichen Schwerpunkt zu setzen. Das Leitmotiv sollte die Frage sein: Wie kann ich die nächste Untersuchung verbessern?

Schauen Sie bei den Angaben zur Lebenssituation, ob diese sich mit Ihrer Einrichtung/mit Ihrem Sozialraum decken. Haben Sie in der Umfrage einen Anteil von 5 % Migranten erreicht, aber in der Realität sind es vielleicht 20 %, fragen Sie kritisch, wie Sie beim nächsten Mal mehr Zuwanderer erreichen können. Haben Sie hauptsächlich Eltern von Jungs erreicht, wird sich der Großteil anderes Spielzeug auf dem Spielplatz gewünscht haben, als wenn die Geschlechterverteilung ausgeglichen ist. Bewerten Sie Ihre Untersuchungsergebnisse mit Blick auf Aspekte wie verheiratet, ledig, alleinerziehend, Anzahl der Kinder, Migrationshintergrund, Alter der Eltern, Berufstätigkeit, Haushaltseinkommen etc. Konzentrieren Sie sich dabei auf die dringendsten Fragestellungen, da Kreuztabellen viel Arbeit machen.

Je treffender Ihre Umfrage Ihre Familien beschreibt, umso relevanter sind die Ergebnisse. Die Ergebnisse können noch besser für Steuerungsentscheidungen genutzt werden. Aber selbst abweichende Befragungen geben Tendenzen wieder!

Wenn Sie in der Umfrage für ein Unterstützungsprojekt aufgerufen haben (z. B. Einrichtung eines Notfallbetreuungsdienstes) und Eltern hier ihre Bereitschaft zur Mitarbeit mitgeteilt haben, danken Sie ihnen schnellstmöglich und unterrichten Sie sie über die weiteren Planungsschritte mit konkreten Meilensteinen.

Falls Sie Beratungs- oder Bildungsbedarfe erfragt haben, setzen Sie die Angebote schnell um. Die Bedarfe können sich, wie meine Praxis gezeigt hat, binnen zweier Jahre sehr ändern. Im Jahr X liegt Verkehrserziehung vorne und im Jahr Y sind es vielleicht die Ernährungsfragen. Nehmen Sie die kennen gelernten Mittelwertarten (Modal, Median & arithmetisches Mittel) als Hilfsmittel zur Preiskalkulation. Orientieren Sie sich anfänglich an den unteren Werten. Besonders wenn Sie noch keine Bildungsveranstaltungen anbieten, sind Eltern, wenn sie die Angebote kennen, oft bereit mehr zu bezahlen. Fragen Sie kritisch, welche Angebote den Eltern überflüssig erscheinen. Schauen Sie, wer die Wünsche äußert. Wenn Sie fragen, ob die Fahrradstellplätze erhöht werden sollten, prüfen Sie, ob überhaupt Fahrradfahrer geantwortet haben. Deutschkurse für Migranten, die wie oben beschrieben nur von nichtbetroffenen Deutschen befürwortet wurden, haben keinen Erfolg.

Nutzen Sie markant genannte Missstände, um den Träger, die Verwaltung oder andere (z. B. Verkehrsbetriebe) darauf aufmerksam zu machen. Das kann ein kaputter oder nicht genutzter Spielplatz sein, ein fehlender Radweg oder eine notwendige, zusätzliche Busverbindung. Besonders hoch ist das Ergebnis dabei anzusehen, wenn Sie nicht erst einen Bedarf durch die Frage erweckt haben, sondern verschiedene Eltern ihn in einer offenen Textfrage beschrieben haben.

Bilden Sie Arbeitsgruppen zu komplexen Themen wie etwa Ausweitungen von Öffnungszeiten. Hier können gesetzliche, tarifliche und kooperationstechnische Aspekte (Notfalldienst, Tagesmütter) fachlich geklärt werden. Trauen Sie sich, gefällte Maßnahmen dabei zu überprüfen und ggf. wieder einzustellen.

Durch die offenen Fragen erhalten Sie sicher viele Anregungen zur Optimierung. Besprechen Sie sie im Team und gehen Sie nach System vor: Welche Forderungen lassen sich schnell und einfach umsetzen? Welche sind günstig, welche teuer? Welche versprechen Ihrer Erfahrung nach Erfolg? Welche Hauptprobleme stecken dahinter und wie kann man die vielleicht anders lösen?

Sie sehen, dass die letztgenannten Schritte zusätzliche Arbeit verursachen, aber auch qualitative Verbesserungen mit sich bringen. Bedenken Sie, dass die Befragung auch Entscheidungsprozesse und Auseinandersetzungen mit anderen sehr verkürzen kann. Überprüfen Sie, was Ihre Einrichtung leisten kann. Schauen Sie hin, wo die Ressourcen Ihrer Einrichtung nicht ausreichen. Eine mit Eigenmitteln geführte Befragung, die nicht stattfindet, ist nutzloser, als eine teure, die pünktlich beendet wird. Überlegen Sie, welche Unterstützung Sie durch Schulen, FHs oder Universitäten in einem Befragungsprojekt erhalten können.

Unabhängig davon, wie Ihr persönlicher Weg aussieht, wünschen wir Ihnen viele interessante Ergebnisse und gute Steuerungen. Sie besitzen nun das Rüstzeug, um gewinnbringendes Feedback zu initiieren und durchzuführen, um ihre Arbeit nicht an Eltern und Kindern vorbei auszuüben. Handeln Sie getreu dem QM-Motto: „Wer ein Ziel vor Augen hat, verläuft sich nicht so schnell."

5 Zusammenfassung und Ausblick

Wir können festhalten: Der Aufbau eines QMS kostet Zeit, Geld und Nerven! Es kann sich aber auch sehr lohnen. Um schon mal Zeit zu sparen, finden Sie hier die Essenzen aus den einzelnen Kapiteln sowie einen Ausblick auf das, was kommen wird bzw. kommen könnte.

Die Einführung eines Qualitätsmanagementsystems ist eine verantwortungsvolle und umfangreiche Aufgabe, die die Einbindung aller Betroffenen und viel Engagement verlangt. Um mehr Verständnis von Qualitätsmanagement zu erlangen, wurden zunächst die Grundlagen wie Begriffe und Vorschläge für die Struktur Ihres QMS beschrieben.

Sie haben erfahren, wie die Aufgabe auf einem für Ihre Kita gewünschten bzw. erforderlichen Niveau gelöst werden können. Es wurde aufgezeigt, wie mittels Projektplanung wesentliche Meilensteine gesteuert und der zeitliche Projektablauf gestaltet werden können. Natürlich sind die wesentlichen Anforderungen der DIN EN ISO 9001 dargestellt. Sie wissen nun, welche Prozesse unbedingt dokumentiert werden müssen, wie Sie dies praktisch umsetzen und wie Prioritäten gesetzt werden können. Sie haben einen intensiven Blick in die Praxis werfen können und anhand dreier Kernprozesse gelernt, Ihre eigenen Prozesse zu strukturieren und darzustellen. Basis dafür waren die Begriffsdefinition, eine Präambel, der Zweck und die Ziele, Hinweise zur Strukturqualität, die Erstellung eines Flussdiagramms, Beschreibungen zur Prozess- und Ergebnisqualität, eine Verantwortungsmatrix, Prüffragen und begleitende Unterlagen.

Elternbefragungen sind ein geeignetes, aber aufwändiges Mittel zur dokumentierten Bestimmung der ‚Kundenzufriedenheit'. Es wurden alle notwendigen Schritte von der Planung und Strukturierung, der Durchführung der Befragung, der Auswertung und mögliche Ableitungen für die Zukunft vorgestellt. Sie wissen jetzt, dass es auf gutes Zeitmanagement, die richtige Wahl der geeigneten Methoden (Online oder Print) in Ihrer Einrichtung und die richtigen Fragen ankommt. Wir informierten Sie darüber, auf was Sie achten müssen, wenn Sie mit Druckereien kooperieren. Sie kennen die Methoden der Steuerung und Kontrolle des Rücklaufs.

Sie wissen, welche Kooperationspartner bei der Verteilung und Einsammlung wichtig sein könnten. Die statistischen Methoden der deskriptiven Statistik wie Median, Modal- und Mittelwert haben Sie kennen gelernt. Die Begriffe Varianz und Standardabweichung helfen Ihnen zukünftig, Ihre Untersuchungsergebnisse noch besser bewerten zu können. Sie sind in der Lage, Kreuztabellen zu lesen und selbst zu erstellen, um detailliertere Ergebnisse aus Ihren Studien zu folgern. Die Methoden können Sie nun in Excel leicht umsetzen. Die Ergebnisse können gedeutet und für die weitere Planung und Öffentlichkeitsarbeit wie Berichte oder Präsentationen genutzt werden.

Nachfolgend stellen wir noch kurz einige Aspekte dar, die unserer Meinung nach in der Zukunft bzgl. QM eine größere Bedeutung erlangen werden. Aufgrund des Erziehermangels können sich Ausbildungsvoraussetzungen und Ausbildungsinhalte verändern. Freigesetzes branchenfremdes Personal wird zukünftig wohl vermehrt in Kitas eingesetzt. Schon heute wird aufgrund fehlender Kita-Plätze darüber nachgedacht, Bauordnungen zu vereinfachen, zinsgünstige Darlehen für den Kita-Ausbau bei der Kreditanstalt für Wiederaufbau den Kommunen und Trägern zu gewähren und Zuschüsse für Tagesmütter und Tagesväter[1] bereitzustellen. Dem entgegen steht die avisierte Akademisierung der Erzieherausbildung an Fachhochschulen und die Einrichtung einer Arbeitsgruppe im Bundesfamilienministerium zum Bereich QM mit den Unterpunkten Qualitätscheck und Qualitätsgesetz für KITAS[2]. Man darf gespannt sein, welcher Weg sich durchsetzen wird.

Es dürfen weitere gesetzliche Änderungen erwartet werden. Es sei hier ein Beispiel aus der Lebensmittelüberwachung genannt: Aus einem verordneten QM entwickelten sich Verpflichtungen bis hin zur Durchführung interner Audits. Die Verpflichtung zur Zertifizierung scheint dort heute nur eine Frage der Zeit zu sein.

Somit ist zu erwarten, dass aus der Option zur Führung eines QMS für KITAS schnell eine Verpflichtung werden kann. Mit der Lektüre unseres Buches können Sie sich auch solchen Herausforderungen gelassen und kompetent stellen.

Wir wünschen Ihnen gutes Gelingen!

---

[1] Die Anzahl der Tagesmütter hat sich allein in NRW von 6.291 in 2006 auf 11.485 in 2011 erhöht (Schaub, Steffens 2012; Schaub, Steffens 2012 a).
[2] Süddeutsche Zeitung online 2012.

Literatur- und Medienverzeichnis

Literatur

Bestmann, S, Häseler-Bestmann, S. (2012): Sozialraumorientiertes Übergangsmanagement: Praxishandbuch zum Jugendmentoring beim Berufseinstieg am Beispiel von ‚Hürdenspringer'. Berlin.

Deutsches Institut für Normung e.V. (2005): Qualitätsmanagementsysteme - Grundlagen und Begriffe (ISO 9000:2005); Dreisprachige Fassung EN ISO 9000:2005. Berlin.

Deutsches Institut für Normung e.V. (2008): Qualitätsmanagementsysteme - Anforderungen (ISO 9001:2008); Dreisprachige Fassung EN ISO 9001:2008. Berlin.

Dox, C. O. (2011): Kleinstunternehmen im Umfeld von Social Media Marketing. Chancen, Herausforderungen und Risiken in Theorie und Praxis. Saarbrücken.

Fries, C. (2008): Grundlagen der Mediengestaltung. Konzeption. Ideenfindung. Visualisierung. Bildaufbau. Farbe. Typografie. München.

Gushner, M. (1998): Erfolgreich Präsentieren für Dummies. Bonn.

Hagl, S. (2008): Schnelleinstieg Statistik. München.

Krämer, W. (2008): So lügt man mit Statistik. München.

Limbeck, M. (2011): Nicht gekauft hat er schon. So denken Top-Verkäufer. München.

May, W. (2005): Humor für Zauberkünstler. Eine beispiellose Sammlung von Gags, Sprüchen und Zitaten. Voerde.

Pfeifer, T., Schmitt, R. (2007): Handbuch Qualitätsmanagement. München.

Reynolds, G. (2008): ZEN oder die Kunst der Präsentation. Mit einfachen Ideen gestalten und präsentieren. München.

Ruhland, E., Reiter, B. (2011): Gute Gestaltung. Einfache Designregeln für Grafik, Foto, Web. München.

Stoica-Klüver, C., Klüver, J., Schmidt, J. (2007): Besser und erfolgreicher kommunizieren. Vorträge, Gespräche, Diskussionen. Witten.

Weisbach, C. R. (1999): Professionelle Gesprächsführung. Ein praxisnahes Lese- und Übungsbuch. München.

Internet

Schaub, A., Steffens, F. (2012): Kinderbetreuung: Leere Versprechen? 23.07.2012, http://www.wdr.de/tv/markt/sendungsbeitraege/2012/0723/00_kinderbetreuung.jsp (29.07.2012, 17:53).

Süddeutsche Zeitung online: Familienministerin präsentiert Ausbaupläne: Zehn Punkte für Tausende Kitas. 30.05.2012, http://www.sueddeutsche.de/politik/familienministerin-praesentiert-ausbauplaene-zehn-punkte-fuer-tausende-kitas-1.1369773 (29.07.2012, 18:00).

Fernsehen

Schaub, A., Steffens, F. (2012 a): Kinderbetreuung: Leere Versprechen? Sendung ‚Markt' vom 23.07.2012, 21:00 Uhr im WDR Fernsehen.

Abkürzungsverzeichnis

AA	Arbeitsanweisung		dass etwas erst geplant, dann durchgeführt, dann überprüft und bevor es weitergeht, verbessert wird.
BDSG	Bundesdatenschutzgesetz		
CD	Corporate Design		
CI	Corporate Identity		
CMYK	Cyan-Magenta-Yellow-Key. Key steht dabei für die Farbe ‚Schwarz'.	PDF	Portables Dokumenten-Format
DIN	Deutsches Institut für Normung e. V.	PF/PFe	Pädagogische Fachkraft/Pädagogische Fachkräfte
dpi	Dots per Inch – Punkte pro Zentimeter. Maß der Auflösung	QM	Qualitätsmanagement
		QMB	Qualitätsmanagementbeauftragte
EN	Europäische Norm		
FM	Formular	QMDokumentation	Qualitätsmanagementdokumentation
FB	Formblatt		
GG	Grundgesamtheit		
i. d. R.	in der Regel	QMH	Qualitätsmanagementhandbuch
IB	Informationsblätter		
ISO	Internationale Standardisierungsorganisation	QMS	Qualitätsmanagementsystem
		Q-Politik	Qualitätspolitik
KITA	Kindertageseinrichtung		
KVP	Kontinuierlicher Verbesserungsprozess	RGB	Rot-Grün-Blau. Farbraum für Farbbearbeitungen am PC.
MB	Merkblätter		
OG	Organigramm	TB	Tabelle
PA	Prozessanweisung	TS	Teilschritt
PB	Prozessbeschreibung	ÜT	Übersichtstabelle
PDCA	Plan-Do-Check-Act: Zyklus, der besagt,	VA	Verfahrensanweisung

Anhang

Hinweise zu den Musterdokumenten:

Tabelle der gültigen QM-Dokumente
Unser Musterdokument beinhaltet die QM-Dokumente, die auch in unserem Buch bereits erwähnt wurden. Es besteht kein Anspruch auf Vollständigkeit! Jede KITA benötigt eine individuelle Übersicht hierzu.

Zielplanung
Sollten Sie sich viele Ziele setzen, könnte auch eine ergänzende Zieleübersicht für das laufende Jahr sinnvoll sein.

Weiterbildungsdokumentation
EXCEL-Varianten bieten hier mehr Möglichkeiten. Besuchen Sie bei Interesse hierzu unseren Servicebereich auf unserer Internetseite: www.qm-in-kitas.de

Tabelle der gültigen QM-Dokumente

Seite 1 von 2	Tabelle der gültigen QM-Dokumente		Einrichtung	Logo
Übersichtstabelle	ÜT-001	Fassung 01		

Kodierung	QM-Dokument	Fassung
	Führungsprozesse	
	Allgemeiner Führungsprozess	
OR-001	Organigramm der KITA	01
VA-005	Weiterbildung	01
FO-006	Zielplanung	01
FO-012	Weiterbildungsdokumentation	01
	etc.	
	Qualitätsmanagementprozess	
ÜT-001	Tabelle der gültigen QM-Dokumente	01
VA-001	Lenkung von QM-Dokumenten	01
VA-002	Lenkung von Aufzeichnungen	01
AA-002	Aufgabenbeschreibung Qualitätsmanagementbeauftragte	01
FO-001	QM-Musterdokument für Prozessbeschreibungen	01
FO-002	QM-Musterdokument Hochformat	01
FO-003	QM-Musterdokument Querformat	01
FO-008	Beauftragung Qualitätsmanagementbeauftragte	01
FO-009	Lesebestätigung	01
	etc.	
	Kontinuierlicher Verbesserungsprozess	
VA-007	Internes Audit	01
VA-012	Beschwerdemanagement	01
VA-029	Korrektur- und Vorbeugemaßnahmen	01
FO-015	Beschwerdeprotokoll	01
FO-017	Maßnahmenprotokoll	01
FO-023	Kennzahlenbericht	01
FO-038	Qualitätsbericht (Management Review)	01
FO-044	Auditdetailplanung	01
FO-046	(evtl. Auditabweichbericht)	01
FO-047	Auditbericht	01
	rtc.	
	Kernprozesse	
	Aufnahmeverfahren	
	???	01

Erstellt am:		Geprüft am:		Freigegeben am:	
Erstellt durch:	xxx QMB	Geprüft durch:	xxx QMB	Freigegeben durch:	xxx KITA-Leitung

Seite 2 von 2	Tabelle der gültigen QM-Dokumente		Einrichtung	Logo
Übersichtstabelle	ÜT-001	Fassung 01		

Kodierung	QM-Dokument	Fassung
	Dienstgespräch	
	Tagesordnung	01
	Protokoll	01
	Pädagogisches Handeln	
	Beobachtungsleitfaden	01
	Bildungsdokumentation	01
	etc.	
	Unterstützungsprozesse	
	Übersicht Lieferanten- und Dienstleister	01
	Übersicht Arbeitsmittel und Instandhaltung	01
	etc.	

Erstellt am: Erstellt durch: QMB

Erstellt am:		Geprüft am:		Freigegeben am:	
Erstellt durch:	xxx QMB	Geprüft durch:	xxx QMB	Freigegeben durch:	xxx KITA-Leitung

Anhang

Zielplanung

Seite 1 von 1	Zielplanung		Einrichtung	Logo
Formular	FO-001	Fassung 01		

Ziel Nr. : *(laufend durchnummerieren)*	Datum:		Erledigungstermin:	*Hier die Frist eintragen, bis wann das Ziel zu erledigen ist*
Ziel *(Arbeitstitel angeben)*	Zielpate	Team		
Hier das Ziel kurz beschreiben	Für das Ziel verantwortliche Person eintragen	Hier das beauftragte Team eintragen		

Individuelle Zielplanung und –durchführung in einzelnen Arbeitsschritten

Aufgabe *(Was?)*	Verantwortliche *(Wer?)*	Termin *(Bis wann?)*	Erledigt? *(wenn ja, abhaken)*	Hinweise

Aktuelle Bewertung des Ziels in %:		Datum:		Kürzel:	

Fazit:	Zusammenfassende Bewertung nach Erledigung des Ziels eintragen		
Datum:		Kürzel:	

Erstellt am:		Geprüft am:		Freigegeben am:	
Erstellt durch:	KITA-Leitung	Geprüft durch:	QMB	Freigegeben durch:	KITA-Leitung

Qualitätsmanagement in Kindertageseinrichtungen

Weiterbildungsdokumentation

Seite 1 von 1	Weiterbildungsdokumentation		Einrichtung	Logo
Formular	FO-003	Fassung 01		

Name	Weiterbildungs-maßnahme	Datum	Anbieter/Ort	Umfang	Teil-nahme?		Bewertung/Hinweise
					Ja	Nein	

Zeilen können beliebig erweitert werden.

Erstellt durch: Stand:

Erstellt am:		Geprüft am:		Freigegeben am:	
Erstellt durch:	KITA-Leitung	Geprüft durch:	QMB	Freigegeben durch:	KITA-Leitung

168

Anhang

Projektplanung QM

Seite 1 von 3	Zielplanung		Einrichtung	Logo
Formular	FO-001	Fassung 01		

Ziel Nr.: (laufend durchnummerieren)	1	Datum:	07.12.2012	Erledigungstermin:	Ende 2013
Ziel (QM-Projekt)		Zielpate		Team	
Entwicklung und Einrichtung eines Qualitätsmanagementsystems unter Berücksichtigung der DIN EN ISO 9001 (ohne Anspruch der Zertifizierungsfähigkeit)		KITA-Leitung		Das gesamte KITA-Team	

Individuelle Zielplanung und -durchführung in einzelnen Arbeitsschritten

Aufgabe (Was?)	Verantwortliche (Wer?)	Termin (Bis wann?)	Erledigt? (wenn ja, abhaken)	Hinweise
Dienstbesprechung zur Bekanntmachung des QM-Projektes	KITA-Leitung	Ende Dez. 2012		
Eröffnungsveranstaltung mit Einführung in die wesentlichen Grundlagen von QM, Klärung des Projektverlaufs, Aufgabenverteilung, Klärung von Verantwortlichkeiten, Formelles	KITA-Leitung	Anfang Jan. 2013		
Prüfung der vorhandenen Arbeitsmaterialien (Welche Formulare, Arbeitsanweisungen, oder sogar Prozessbeschreibungen gibt es bereits in der KITA, die Eingang in das QMS finden sollen?) > IST-Zustand	KITA-Team	Ende Jan. 2013		
Begehung der KITA zwecks kritischer Überprüfung	KITA-Team	Ende Jan. 2013		
Festlegung von erforderlichen und gewünschten QM-Dokumenten mittels Tabelle der gültigen QM-Dokumente und Prioritätensetzung	KITA-Team	Anf. Feb. 2013		
Bildung von Qualitätszirkeln / Festlegung von einzelnen Personen zur Bearbeitung oder Neuerstellung von QM-	KITA-Leitung	Anf. Feb. 2013		

Erstellt am:		Geprüft am:		Freigegeben am:	
Erstellt durch:	KITA-Leitung	Geprüft durch:	QMB	Freigegeben durch:	KITA-Leitung

Seite 2 von 3	Zielplanung		Einrichtung	Logo
Formular	FO-001	Fassung 01		

Individuelle Zielplanung und -durchführung in einzelnen Arbeitsschritten

Aufgabe (Was?)	Verantwortliche (Wer?)	Termin (Bis wann?)	Erledigt? (wenn ja, abhaken)	Hinweise
Dokumenten				
QM-Schulungen (Grundlagen QM / Voraussetzungen/Regeln für das eigene QMS)	KITA-Leitung / QMB / externer Anbieter	Ende Feb. 2013		
Erstellung / Erarbeitung der QM-Dokumente	Qualitätszirkel / Kolleginnen	Laufend, bis Ende Sept. 2013		
Vorstellung und Besprechung der Arbeitsergebnisse aus Qualitätszirkeln / von verantwortlichen Kolleginnen	KITA-Leitung / Vertreterinnen der Qualitätszirkel	Jeweils Anfang April Juni August Oktober		
Festlegung von Zielen	KITA-Leitung mit KITA-Team	März 2013		
Erarbeitung von Kennzahlen	KITA-Leitung mit KITA-Team	Mitte 2013		
Überprüfung des QMS auf Norm-Konformität	QMB	Laufend und abschließend Anfang Okt. 2013		
Erstellung des QM-Handbuchs	KITA-Leitung und QMB	Mitte Okt. 2013		
Durchführung eines internen Audits	Externer Anbieter	Mitte Nov. 2013		
Durchführung eines Qualitätsmanagementberichts (Management Review)	KITA-Leitung mit QMB	Mitte Dez. 2013		

169

Qualitätsmanagement in Kindertageseinrichtungen

Seite 3 von 3	**Zielplanung**		
Formular	FO-001	Fassung 01	Einrichtung	Logo

Aktuelle Bewertung des Ziels in %: [ ]   **Datum:** [ ]   **Kürzel:** [ ]

Zusammenfassende Bewertung nach Erledigung des Ziels eintragen.

Fazit:
Datum: [ ]   **Kürzel:** [ ]

Anhang

Lesebestätigung

Seite 1 von 1	Lesebestätigung		Einrichtung	Logo
Formular	FO-002	Fassung 01		

Hinweise für das KITA-Team

Die unten aufgeführten QM-Dokumente erhalten Sie heute sowohl zur Kenntnisnahme als auch zur Umsetzung.

Bitte beachten Sie:

Mit Ihrer Unterschrift bestätigen Sie zum einen den Erhalt der unten aufgeführten QM-Dokumente, zum anderen, dass Sie das Dokument auch verstanden haben und umsetzen werden.

Bei überarbeiteten QM-Dokumenten müssen Sie, sofern vorhanden, ungültig gewordene Exemplare unverzüglich vernichten und gegen die neuen gültigen Fassungen austauschen.

Bei Fragen wenden Sie sich bitte umgehend an die KITA-Leitung und / oder die QMB.

Besondere Hinweise zur Änderung der/des QM-Dokumente/s

Datum:	Unterschrift QMB:

Kodierung	Dokumententitel	Fassung	Geändert	Neu

Zeilen beliebig erweiterbar!

Verteiler (x)	Name	Unterschrift

Erstellt am:		Geprüft am:		Freigegeben am:	
Erstellt durch:	xxx QMB	Geprüft durch:	xxx QMB	Freigegeben durch:	xxx KITA-Leitung

Das Autorenteam

HELENA BOLEWSKI ist Leiterin einer katholischen Kindertageseinrichtung im nördlichen Ruhrgebiet. Sie absolvierte die Ausbildung zur staatlich anerkannten Erzieherin und den Studiengang ‚Sozialmanagement für Non-Profit-Unternehmen'. Im Rahmen ihrer Tätigkeit setzte sie ein Qualitätsmanagementsystem in ihrer Einrichtung erfolgreich um und schrieb das dazugehörige Qualitätsmanagementhandbuch.

 STEPHANIE GLOS ist bundesweit selbstständige Unternehmensberaterin. Sie studierte Romanistik, Pädagogik und Wirtschaftswissenschaften (M.A.) und im Anschluss Diplom Arbeitswissenschaften. Den Schwerpunkt ihrer Profession bildet das Thema Qualitätsmanagement. Sie hat langjährige Erfahrungen in den Bereichen Coaching, Beratung und Schulung zum Thema QM in verschiedenen Berufsfeldern.

CHRISTIAN OLIVIER DOX ist selbstständiger Unternehmer für Web- und Mediendienstleistungen. Er absolvierte die Ausbildung zum Jugendhilfeplaner am Institut für soziale Arbeit e.V. Münster und am Institut für Soziale Arbeit und Sozialpädagogik e.V. Frankfurt a. M. Er studierte Web- und Medieninformatik (B. Sc.) an der Fachhochschule für Ökonomie und Management Essen und der FH Dortmund.
In seiner Zeit am Institut für soziale Arbeit arbeitete er u.a. für das Projektmanagement der Qualitätsinitiative Familienzentren des Landes Nordrhein-Westfalen. Seit 2006 berät und unterstützt er KITAS bei Fragestellungen zu Elternbefragungen oder führt diese selbst durch.